Enrico Della Pietra

Il crepuscolo della Repubblica di Weimar. Germania 1932, fine di una democrazia

IL CREPUSCOLO DELLA REPUBBLICA DI WEIMAR.

GERMANIA 1932, FINE DI UNA DEMOCRAZIA

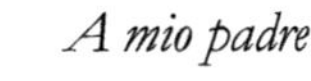

A mio padre

INDICE

INTRODUZIONE

La storia politica di Franz von Papen, e in particolare il suo cancellierato, sono sempre stati oggetto di studio di una buona parte della storiografia mondiale. Le vicende sociali ed economiche, la crisi del parlamentarismo, l'esperimento dei gabinetti presidenziali, l'affermazione di un certo nazionalismo e di una cultura e un'ideologia fortemente reazionaria, la crisi morale e il crollo della democrazia hanno attirato l'attenzione di numerosi storici intorno al fenomeno tedesco della prima metà del novecento. È vero che una buona parte di questi elementi li ritroviamo nella storia europea di quegli anni, ma il modo in cui si affermarono in Germania e le conseguenze che ne derivarono – senz'altro più gravi per la storia mondiale di quello che rappresentò il fascismo in Italia – ci pongono di fronte a una profonda riflessione.

Chi fosse Franz von Papen è presto detto: di famiglia nobile, cattolica, abbracciò la carriera militare partecipando alla Prima guerra mondiale e ricoprendo l'incarico di addetto militare a Washington. Negli anni della repubblica aderì al Centro, schierandosi con l'ala destra conservatrice e monarchica del partito. Non ricoprì nessuna carica importante fino alla nomina di cancelliere nel giugno del 1932. Fu poi vice-cancelliere nel 1933, ambasciatore a Vienna dal 1934 al 1938, e infine ad Ankara dal 1939 al 1944. Fu uno dei pochi a essere prosciolto dal tribunale di Norimberga, sebbene siano state evidenti le sue responsabilità nell'ascesa al potere del nazionalsocialismo.

L'oggetto di studio di questo lavoro è proprio il suo cancellierato nel 1932 che, anche se comprende un periodo estremamente breve nella lunga storia politica della Germania, ha lasciato una profonda traccia nella storia europea delle istituzioni parlamentari e democratiche.

Qui si vogliono affrontare appunto i diversi aspetti e analizzare le vicende dell'operato di un uomo politico che guidò la Germania in quello che fu uno degli anni cruciali della sua storia, anche in relazione a un più ampio discorso che comprende, necessariamente, la breve storia della Repubblica di Weimar e l'edificazione del Terzo Reich, in cui lo stesso Papen fu protagonista.

Per questo motivo, in primo luogo, abbiamo ritenuto opportuno descrivere le vicende che precedettero la fine della repubblica, passando attraverso la sua nascita, l'iperinflazione del 1923, la politica di Stresemann, fino al gabinetto presidenziale capeggiato da Brüning. Il tentativo di ricercare le cause degli avvenimenti del 1932 è legato, inevitabilmente, a un'analisi degli anni precedenti, anche se i fondamenti culturali e ideologici trovano la loro origine nella storia tedesca di fine Ottocento.

Più approfondita invece è l'analisi, portata a termine nel secondo capitolo, degli avvenimenti che determinarono la caduta di Brüning e il passaggio a un governo autoritario e reazionario. I compromessi, le macchinazioni, gli intrighi operati dietro le quinte da parte di pochi uomini portarono al potere Papen, la cui carriera politica fino a quel momento non era andata oltre a un seggio di deputato al parlamento prussiano. I motivi che condussero a una delle cariche repubblicane più alte un rappresentante certo non di spicco del panorama politico tedesco del tempo non sono sempre stati chiari, anche se in molti passaggi appare evidente che il suo ruolo sia stato di strumento nelle mani di personalità di maggiore esperienza e abilità politica.

L'operato di Papen, nel periodo in cui fu cancelliere dal giugno al novembre del 1932, rappresenta il nucleo centrale di questo lavoro. Anche se il tema principale riguarda la politica interna tedesca, ci è sembrato opportuno dedicare un capitolo alla conferenza tenuta nel luglio del 1932 a Losanna. I motivi sono essenzialmente due: il primo, perché i risultati della conferenza determinarono la fine dei pagamenti per le riparazioni di guerra, che avevano sempre impedito in Germania una politica economica di un certo livello; il secondo, perché la strumentalizzazione, da parte di alcuni schieramenti politici, del lavoro portato avanti da Papen a Losanna aveva inciso sulla politica interna, soprattutto se si tiene conto che la fine della conferenza avvenne solo pochi giorni prima delle elezioni politiche del 31 luglio 1932.

Questo lavoro non ha la pretesa di stilare un giudizio definitivo sull'operato di Franz von Papen durante il suo cancellierato, ma si pone come obiettivo quello di mettere in luce quegli avvenimenti e quelle vicende, che furono poi determinanti nell'ascesa al potere del nazionalsocialismo. È un confronto con quella che poi fu l'affermazione di Hitler e del suo movimento appare inevitabile. Infatti, nell'ultimo capitolo, quello riguardante il cancellierato Schleicher, vengono affrontati gli aspetti riferiti al ruolo svolto da Papen nella rinascita del nazionalsocialismo e nella nomina di Hitler a capo del governo. Così come un ampio cenno è fatto per quel che riguarda le cariche ricoperte da Papen per conto del Terzo Reich, negli anni dal 1933 al 1944.

È importante rilevare, tuttavia, che il tema principale di questo lavoro rimane comunque l'analisi dell'operato di Papen, visto soprattutto nell'opinione degli osservatori italiani. I continui riferimenti alla stampa e ad alcune personalità di spicco del panorama politico italiano del tempo ci danno una visione importante dei giudizi espressi sia da parte fascista, attraverso le più importanti testate giornalistiche e le relazioni diplomatiche, sia da parte antifascista, attraverso le analisi di Luigi Sturzo e del bollettino dell'"Avanti" pubblicato a Parigi.

In definitiva, Franz von Papen non fu un grande uomo politico, e non fu nemmeno un nazionalsocialista. Era un uomo d'idee conservatrici, promotore di un progetto che portava a un "nuovo Stato"; tuttavia le sue debolezze e la sua incapacità e inesperienza politica ebbero come conseguenza non solo il fallimento del suo progetto, ma anche l'ascesa al potere dei nazionalsocialisti. Questa fu la sua principale colpa come cancelliere del Reich, mentre gli incarichi sostenuti sotto il governo Hitler erano più che altro dettati da una chiara volontà di rimanere sulla scena politica, non da un'effettiva adesione alla causa nazionalsocialista. La sua figura rimane comunque ambigua nel panorama politico del tempo, non avendo mai preso una posizione chiara e personale per questa o quella tendenza politica. Le sue *Memorie* sono il classico esempio di chi pensa solo a difendere il proprio operato, definendosi vittima degli avvenimenti e delle azioni altrui.

1. BREVE STORIA DELLA NASCITA E DELLO SVILUPPO DELLA REPUBBLICA DI WEIMAR DAL 1919 AL 1932

1.1 *La nascita della Repubblica*

La Repubblica di Weimar nasce ufficialmente il 19 gennaio 1919 con la convocazione dell'assemblea costituente. In verità, la repubblica era stata già "preparata" nei mesi precedenti, più precisamente nel novembre del 1918, quando viene proclamata dal socialdemocratico Philipp Sheidemann e nasce il primo governo parlamentare della storia tedesca[1]. Essa si basò su quei partiti che si erano già pronunciati, nel 1917, a favore di una pace senza vincitori né vinti e che erano in contrasto con l'imperialismo e l'espansionismo dello stato maggiore: i liberali progressisti, i socialdemocratici (Spd) e i cattolici (Zentrum). Sono quei partiti che, rappresentanti dei ceti medi e piccolo borghesi, danno vita alla cosiddetta "coalizione di centro-sinistra", un'alleanza definita anche "nero-rosso-oro", dai colori della bandiera del parlamento di Francoforte del 1848[2].

Tutti questi avvenimenti furono in parte la conseguenza delle vicende che avevano caratterizzato la situazione politico-militare durante il 1917 e i primi mesi del 1918. Il paese versava in condizioni disastrose in seguito alla mancanza di approvvigionamenti alimentari e l'esercito, ormai privo della capacità di colmare i vuoti dovuti alle enormi perdite umane, si rese conto che tener testa agli Alleati era impossibile. Lo sfondamento del fronte tedesco l'8 agosto, per merito delle truppe australiane, spinse gli stessi Ludendorff e Hindenburg ad ammettere che era necessario un armistizio per prevenire la catastrofe[3].

---

[1] Cfr. E. EYCK, *Storia della Repubblica di Weimar*, Einaudi, Torino 1966, p.48.

[2] Cfr. S. TRINCHESE, *La repubblica di vetro*, Ed. Studium, Roma 1993, p.14.

[3] Cfr. E. EYCK, *Storia della Repubblica di Weimar*, op. cit., pp.34-35.

L'armistizio arrivò la sera dell'8 novembre 1918 quando i plenipotenziari tedeschi, guidati dal cattolico Erzberger, giunsero nella foresta di Compiègne a nord di Parigi. In quel luogo avvenne l'incontro con il generale Foch, comandante degli eserciti dell'Intesa (francese, inglese e statunitense). Dopo aver ricevuto l'assenso dai rispettivi governi, sul treno speciale fermo sul binario morto della linea Compiègne-Soissons – lo stesso su cui Hitler imporrà la resa alla Francia durante la Seconda guerra mondiale–, venne firmato l'11 novembre l'armistizio. Due giorni prima il Kaiser Guglielmo II aveva abdicato.

1.2 *Il fallito tentativo rivoluzionario e l'affermazione di un modello parlamentare*

La nuova repubblica, tuttavia, nasceva sullo sfondo di eventi rivoluzionari che spingevano il paese verso una dittatura del proletariato, come dimostrato dalla nascita di una repubblica dei lavoratori a Monaco[4].

Era chiaro che la rivoluzione bolscevica, fondata sull'eliminazione del neonato parlamentarismo e sull'annientamento del capitalismo borghese, esercitava il suo potente influsso sui movimenti più radicali della sinistra tedesca. Uno di questi movimenti, che si mise in maggior luce, fu quello degli spartachisti, capeggiato da Karl Liebknecht e Rosa Luxemburg, staccatosi dall'Uspd – partito socialdemocratico indipendente tedesco –, passato dall'opposizione al governo[5]. Il novembre del 1918 fu caratterizzato da numerose sommosse, che misero in serio pericolo l'ancor giovane repubblica[6]. Ma a differenza di quanto era avvenuto in Russia, il movimento degli spartachisti non ebbe il sopravvento su una borghesia e un apparato statale ancora forti, e neppure sul gruppo maggioritario della socialdemocrazia tedesca (Spd), guidata

---

[4] *Ibidem*, pp.60-62.

[5] La Lega di Spartaco, confermando il suo pieno consenso con la politica di Lenin, dette vita al Partito Comunista tedesco (Kpd).

[6] Cfr. C. KLEIN, *La Repubblica di Weimar*, Mursia, Milano 1970, pp.20-24.

da Friedrich Ebert, che spingeva per un regime parlamentare[7]. L'affermazione dell'ala moderata della sinistra tedesca fu dovuta all'appoggio, oltre che della borghesia imprenditoriale e della vecchia burocrazia imperiale, anche dell'esercito: i generali si erano resi conto che l'unica speranza di ottenere una pace accettabile dagli Alleati era la creazione di un governo democraticamente eletto. Già il 10 novembre il generale Groener faceva «sapere verbalmente a Ebert, per mezzo di Friedrich Naumann, che il comando supremo dell'esercito era pronto a collaborare con lui»[8]. Con il suo appoggio al governo l'esercito avrebbe garantito il mantenimento dell'ordine almeno fino alla convocazione dell'assemblea nazionale. La repressione, capeggiata dal ministro della difesa il socialdemocratico Gustav Noske, fu estremamente violenta, tanto da annoverare tra le vittime persino Liebknecht e Luxemburg[9]. Il loro assassinio fu attribuito allo stesso Noske e determinò una profonda ferita tra i comunisti e i socialdemocratici che non si sarebbe mai più risanata, e avrebbe favorito l'indebolimento del paese con l'ascesa di gruppi nazionalisti di estrema destra[10]. Inoltre Noske si trovò isolato all'interno del suo stesso partito con l'accusa, da una parte, di aver usato i militari per un servizio di ordine pubblico e, dall'altra, di aver reclutato a questo scopo delle strane formazioni, i Freikorps, non controllate dal governo centrale e ben felici di combattere contro i comunisti.

In questo clima nasce ufficialmente la prima repubblica tedesca, anticipata da un suffragio universale per l'elezione dei deputati dell'assemblea costituente, che ebbe luogo il 19 gennaio 1919.

---

[7] Gli spartachisti, in contrasto con i capi Luxemburg e Liebknecht, ritenevano che il parlamentarismo fosse una forma ormai superata. La scelta di non partecipare come Kpd alle elezioni del 19 gennaio fu criticata dallo stesso Lenin in *L'estremismo, malattia infantile del comunismo*, G. Macchiaroli, Napoli 1944, cap. VII.

[8] E. EYCK, *Storia della Repubblica di Weimar*, op. cit., p.55.

[9] G. BADIA, *Il movimento spartachista. Gli ultimi anni di Rosa Luxemburg e Karl Liebknecht*, Samonà e Savelli, Roma 1970.

[10] Cfr. A. ROVERI, *Da Versailles a Hitler*, Mondadori, Milano 1991, pp.19-20.

1.3 *La composizione della coalizione di governo*

L'elezione dei deputati dell'assemblea costituente ebbe come novità la partecipazione della Ddp (partito democratico tedesco), in seguito alla rinuncia della Kpd. La Ddp, rappresentante della borghesia democratica avanzata, si piazzò terza con il 18%, dietro la Spd e il Zentrum premiati, rispettivamente, con il 38% e il 20%. I partiti di sinistra ottennero oltre il 45%, dimostrando così una certa forza, ma che non fu sufficiente a permettergli di assumere la guida del paese, lacerata nel suo interno e incapace, per la sua sterilità, di proporsi negli anni successivi come alternativa alla coalizione di governo[11]. Con questi risultati si giunse, nel febbraio del 1919, alle nomine dei capi della Spd, Ebert e Scheidemann, rispettivamente a presidente della Repubblica e presidente dei ministri. Il governo fu formato da quella coalizione (Spd -Zentrum-Ddp) che, essendo sempre stata all'opposizione e in seguito alla sua inesperienza politica, dipese in larga misura dalla vecchia burocrazia imperiale. È importante rilevare che l'elettorato che appoggia la coalizione aderisce malvolentieri al sistema repubblicano, spinto dalla necessità di fronteggiare il bolscevismo; questo può essere stato uno dei motivi per cui un partito come il Centro, di tendenza monarchica, non solo tollera l'instaurazione della repubblica ma ne diventa anche uno degli elementi cardine[12]. Per quanto riguarda le destre, esse erano rappresentate dalla Dvp (partito popolare tedesco), esponente dei ceti industriali e finanziari, con il 4,4% e dalla Dnvp (partito popolare tedesco-nazionali), conservatori e monarchici, con il 10%. La reazione delle destre si orientò, soprattutto, verso un sentimento di disprezzo nei confronti di quella neonata coalizione tra il centro e le forze di sinistra, sentimento che si manterrà costante per tutta la durata della repubblica.

---

[11] Cfr. S. TRINCHESE, *La repubblica di vetro*, op. cit., p.22.

[12] Per quanto riguarda l'atteggiamento del centro e le sue trasformazioni si tenga conto di S. TRINCHESE *La repubblica di vetro*, op. cit., pp.137-143.

1.4 *La Costituzione di Weimar*

Compito dell'assemblea costituente fu appunto quello di preparare una costituzione che rispondesse all'esigenza di una neonata repubblica[13]. Il compito dell'elaborazione della nuova costituzione spettava al segretario di stato per il ministero dell'interno del Reich; a tal proposito fu nominato il giurista ebreo Hugo Preuss, militante nell'estrema sinistra del liberalismo radicale. Nella sua elaborazione, a cui partecipò anche il sociologo Max Weber[14], Preuss si trovò subito di fronte ad alcune difficoltà: in primo luogo si doveva tenere conto della forte tradizione federalista della Germania caratterizzata, fino a quel momento, dalla divisione del Reich in stati e staterelli, alcuni dei quali erano saliti, nei secoli, a rango di regni (p.es. Prussia, Baviera, Sassonia ecc.). Tutti questi regni e ducati erano scomparsi con la repubblica, ma le tradizioni e il sentimento federalista non erano stati assolutamente scalfiti dalla fine della guerra. Preuss, in particolare, mirò al progetto di costituire liberi stati tedeschi con confini regionali chiaramente diversi da quelli precedenti, che dovessero tenere conto dell'origine, dei rapporti economici e delle relazioni storiche di ogni popolazione[15]. Ciò significava, da un lato, lo smembramento di quella che era stata fino allora la roccaforte imperiale, cioè la Prussia, e dall'altro, accentuare i poteri regionali attraverso il decentramento amministrativo.

Il progetto di Preuss trovava parecchi ostacoli da parte dei Länder, tra i quali la Baviera, che temevano di vedere i loro confini profondamente ridimensionati. Inoltre, proprio la Baviera e la Renania, le maggiori regioni cattoliche dell'impero, avevano sempre dimostrato una forte ostilità nei confronti della protestante Prussia. D'altronde le forti spinte separatiste della Baviera si erano già mostrate nel novembre del 1918, quando il

---

[13] Tutti i riferimenti alla Costituzione di Weimar contenuti in questo paragrafo sono presi da *La Costituzione di Weimar* di C. MORTATI, Sansoni, Firenze 1946.

[14] M. WEBER, *Parlamento e governo nel nuovo ordinamento della Germania*, Laterza, Bari 1919, cap. V-VI.

[15] Cfr. E. EYCK, *Storia della Repubblica di Weimar*, op. cit., p.60.

socialdemocratico Kurt Eisner si era fatto promotore di una locale rivoluzione repubblicana. Tuttavia questo esperimento durò poco, grazie all'intervento delle truppe di Noske e dei Freikorps che dettero vita a una dittatura militare.

Tornando alla costituzione, la sua nascita risale al 6 febbraio del 1919 quando l'assemblea nazionale fu convocata dal governo del Reich a Weimar. L'obiettivo principale era quello di realizzare una costituzione che mettesse in condizione la Germania di partecipare alle trattative con i vecchi nemici, che avrebbero avuto luogo nei mesi successivi. A tal scopo la costituzione poneva in essere una Repubblica parlamentare e presidenziale al tempo stesso. Infatti, il primo compito dell'assemblea fu di eleggere il primo presidente del Reich, nominato nella persona del socialdemocratico Ebert. Questi a sua volta nominò come cancelliere Scheidemann; da lì i restanti ministri, con la costituzione di un gabinetto di coalizione, chiamato poi "coalizione di Weimar".

Nella stesura della prima parte della costituzione, il cui merito è da attribuire al democratico Conrad Haussman, ci si preoccupò molto di stabilire un equilibrio tra il Reichstag e il presidente del Reich. Il parlamento (bicamerale) era eletto secondo un sistema proporzionale che assegnava, quindi, alle masse degli elettori il compito di scegliere i *partiti* e non le *persone*[16]. Secondo questo sistema il Reich fu diviso in trentacinque collegi. Anche il presidente del Reich era eletto dal popolo e fu dotato subito di grandi poteri: nominava e licenziava il cancelliere e, su sua proposta, i ministri della repubblica, i quali avevano comunque bisogno della fiducia della maggioranza del parlamento; poteva sciogliere il Reichstag e sottoporre a referendum qualsiasi legge approvata dallo stesso parlamento; infine, l'articolo 48 della costituzione gli dava ampi poteri in caso di grave turbamento della sicurezza e dell'ordine pubblico. La prima parte della costituzione stabiliva anche i rapporti tra il Reich e i suoi membri. La repubblica si manteneva federalista, ma la tendenza unitaria era rafforzata; infatti, la denominazione *Stato* fu eliminata e sostituita da *Länder*. A tal scopo il Reich conservava la facoltà di modificare i confini dei Länder (art. 18), ma è significativo che la Prussia mantenne l'estensione che aveva prima il Regno di

---

[16] Cfr. M. WEBER, *Parlamento e governo nel nuovo ordinamento della Germania*, op. cit., p.112.

Prussia. In effetti, il problema grave dei rapporti fra il Reich e la Prussia non fu mai risolto negli anni in cui fu in vita la repubblica[17].

Nel campo legislativo e amministrativo la competenza del Reich fu rafforzata. La più grossa novità si ebbe nel campo della finanza dello stato, rovesciando il principio sostenuto in precedenza da Bismarck secondo cui le imposte indirette dovevano essere riscosse dal Reich, mentre quelle dirette erano riservate ai singoli stati. Il trasferimento delle principali imposte dirette dai Länder al Reich determinò anche lo spostamento di un gran numero di funzionari locali all'amministrazione centrale. Non altrettanto avvenne per quanto riguarda le questioni militari. Infatti, da un lato, la costituzione stabiliva che la difesa dello Stato e la legislazione sull'ordinamento militare erano compiti del Reich, dall'altro, manteneva un carattere federalista nel momento in cui i comandanti di Land, pur nominati dal presidente del Reich, erano comunque proposti dai governi dei Länder. Quest'aspetto si rivelò in seguito abbastanza nefasto.

Di competenza dei Länder rimasero la magistratura, la polizia, l'istruzione e gli affari ecclesiastici. Ogni Land doveva avere una costituzione repubblicana e ogni suo organo doveva essere eletto secondo il sistema elettorale vigente nel Reich. Infine ogni Land mandava dei rappresentanti del loro governo al Consiglio del Reich (Reichsrat) che partecipavano alla direzione dello Stato.

La seconda parte della costituzione era una sorta di "dichiarazione dei diritti" a somiglianza di quella francese del 1793, che dava allo Stato compiti di natura filantropica e sociale. Grande merito per la stesura della seconda parte è da attribuire al liberal-progressista Friedrich Naumann. La costituzione fu approvata il 31 luglio del 1919 a Weimar.

---

[17] *Ibidem*, pp.144-152.

1.5 *Il Diktat di Versailles*

La conferenza di pace tenuta a Versailles nella primavera del 1919 fu un momento fondamentale nella storia della repubblica. Essa rappresentò uno dei più grossi oneri che dovette subire l'ancor giovane democrazia tedesca, un trattato che da un lato costrinse l'economia a condizioni impossibili e dall'altro divenne uno degli strumenti propagandistici delle destre per screditare di fronte al popolo i partiti della "coalizione di Weimar". Una buona parte della storiografia mondiale ha molto discusso sul cosiddetto "complesso di Versailles" e sull'influenza più o meno determinante di tale trattato sul successivo declino della Repubblica di Weimar[18]. Indubbiamente il trattato di Versailles ha avuto un valore antistorico tale da assumere, senza dubbio, il carattere di una pace ingiusta e umiliante per la Germania, posta di fronte al dilemma di «prendere o lasciare».

In effetti, il governo tedesco si era preparato nei mesi precedenti affinché si giungesse a una pace sopportabile e non vendicativa. A tal scopo il governo faceva affidamento sul presidente americano Woodrow Wilson, un idealista di elevati sentimenti, «credendo che l'unica difesa contro la pace di Clemenceau era la pace di Wilson»[19]. In realtà il progetto di Wilson era molto più esteso e finalizzato alla creazione della Società delle Nazioni, con lo scopo di condurre l'umanità verso la pace e la ragione, abbandonando le passioni e i sentimenti di violenza e di vendetta[20]. Il progetto di Wilson si scontrava con le pretese della Gran Bretagna e della Francia, rappresentate, rispettivamente, dal premier Lloyd George e dal presidente del consiglio Clemenceau.

L'operato di Lloyd George era fortemente influenzato dalla campagna elettorale in cui si trovava il suo paese durante la conferenza di pace, ed egli stesso aveva promesso, a coloro che sostenevano la necessità di sfruttare a fondo

---

[18] Cfr. S. TRINCHESE, *La repubblica di vetro*, op. cit., p.196.

[19] P. RENOUVIN, *Il trattato di Versailles*, Mursia, Milano 1969, p.24.

[20] T.A. BAILEY, *Wilson and the peacemakers*, New York 1947, vol.2.

la vittoria, che i tedeschi avrebbero pagato fino all'ultimo centesimo i danni arrecati dalla guerra[21].

Più complessa era la posizione di Clemenceau, il quale ben sapeva com'era forte il desiderio di rivincita del suo popolo; egli stesso aveva vissuto il 1870, con il crollo della Francia, l'assedio di Parigi e il distacco delle regioni dell'Alsazia e della Lorena. Inoltre era consapevole delle enormi perdite, in termini umani ed economici, che aveva dovuto subire la Francia durante l'ultima guerra. L'esigenza che Clemenceau avanzò durante la conferenza teneva conto di preservare la Francia da un futuro pericolo rappresentato dalla Germania.

In questo clima Wilson sosteneva la necessità che la Società delle Nazioni fosse il caposaldo del trattato di pace, garantendo l'indipendenza e l'inviolabilità dei territori dei membri partecipanti e sanzioni economiche e finanziarie contro un eventuale aggressore[22]. Con queste intenzioni Wilson avrebbe permesso alla Germania di evitare l'isolamento. Ma già su questi punti nascevano le prime difficoltà: Clemenceau, per esempio, era scettico poiché questo meccanismo avrebbe dovuto funzionare in caso di crisi di uno degli alleati, tenendo conto che ben pochi avrebbero messo in pericolo la propria pace e i propri interessi per quelli di un altro Stato. Al di là di alcune proposte un tantino idealistiche da parte del presidente americano, si deve sottolineare che il trattato di pace fu il frutto di una serie di compromessi da parte degli Alleati, senza tener conto delle esigenze della Germania, che peraltro era assente alla discussione.

La prima richiesta fu operata dalla Francia che, per motivi di sicurezza, chiedeva lo smembramento della Germania con la separazione da essa della Renania. Questa richiesta incontrò la forte resistenza di Lloyd George che voleva impedire un nuovo problema simile a quello creatosi nel 1871 per il distacco dell'Alsazia e della Lorena dalla Francia[23]. Poiché anche Clemenceau mostrò una certa resistenza, si giunse a un primo compromesso: la sponda sinistra del Reno

---

[21] LLOYD GEORGE, *The truth about the Peace Treaties*, Londra 1938.

[22] Cfr. P. RENOUVIN, *Il trattato di Versailles*, op. cit., p.48.

[23] *Ibidem*, p.67-68.

rimase alla Germania ma si decise che questa, insieme a Colonia e Magonza, fosse occupata dagli alleati per quindici anni e fosse imposta la smilitarizzazione tedesca anche sulla sponda destra. Clemenceau ottenne anche la riduzione dell'esercito tedesco a 100.000 unità e il controllo e lo sfruttamento delle miniere della Saar, come indennizzo per le miniere di carbone francesi distrutte dagli eserciti tedeschi in ritirata. Di contro, l'Inghilterra impedì, da un lato, lo smembramento del territorio tedesco a favore della Francia, ma dall'altro, ottenne la confisca delle colonie tedesche che furono affidate all'amministrazione della Società delle Nazioni[24]. Era chiaro che Wilson accettava queste condizioni per ottenere il consenso francese e inglese al suo progetto di pace fondato sulla creazione della Società delle Nazioni. In tutti questi conflitti d'interesse il trattato prevedeva una profonda modificazione dei confini tedeschi più a oriente che a occidente. Già Wilson aveva proposto la nascita di uno Stato polacco indipendente con popolazione polacca[25]. Tuttavia il punto cruciale era la creazione di uno sbocco sul mare che doveva passare necessariamente attraverso la Prussia orientale e Danzica, dove le popolazioni erano senza dubbio tedesche e non polacche. Si concluse che la Prussia orientale rimanesse alla Germania e che Danzica divenisse città indipendente sotto il controllo della Società delle Nazioni. Il problema dello sbocco sul mare fu risolto con la creazione di un "corridoio" che fu assegnato alla Polonia. Le cose si complicarono quando gli Alleati proclamarono polacca anche l'Alta Slesia. Tirando le somme, le espropriazioni territoriali, oltre alle perdite d'intere regioni popolate da tedeschi, comportarono anche la perdita del 50% del ferro, del 25% del carbon fossile e la consegna per dieci anni del 60% della produzione di carbone.

Tuttavia le note dolenti per la Germania venivano dalle questioni delle riparazioni e del risarcimento dei danni arrecati ai vittoriosi avversari. In effetti, il capitolo delle riparazioni riprendeva alcune parti dell'armistizio firmato l'11 novembre 1918, in cui la Germania si obbligava a pagare i danni sofferti dalle

---

[24] Cfr. E. EYCK, *Storia della Repubblica di Weimar*, op.cit., pp.119-122.
[25] Cfr. E. ZANOTTI-BIANCO, A. CIOFFI, *La pace di Versailles*, La Voce, Roma 1919, pp.118-123.

popolazioni civili in seguito all'invasione[26]. Tuttavia queste cifre furono notevolmente gonfiate, aggiungendo a carico della Germania anche il pagamento delle pensioni militari. Indignato dalle gravi sanzioni l'economista inglese John Maynard Keynes, che partecipava alla conferenza come rappresentante del Tesoro britannico, abbandonò i lavori, convinto che la Germania non sarebbe mai stata capace di pagare un debito così pesante[27]. Inoltre, gli aspetti inquietanti della questione delle riparazioni non finiscono qui. Per giustificare provvedimenti così gravosi si accollò alla Germania, con l'articolo 231 del trattato, tutte le colpe della guerra, falsando così la verità storica e dando ragione a chi come Lenin definiva la Prima Guerra Mondiale una corsa all'accaparramento dei mercati mondiali e delle colonie[28].

Come già esposto in precedenza, il trattato fu discusso e preparato in gran segreto, evitando un coinvolgimento, attraverso la stampa, dell'opinione pubblica dei paesi interessati alla conferenza. Solo verso la metà di aprile fu fatto esplicito invito affinché una delegazione tedesca giungesse a Versailles per ricevere le condizioni di pace. La consegna del trattato di pace ai tedeschi avvenne il 7 maggio nella sala degli specchi di Versailles, la stessa dove, nel 1871, Bismarck proclamò la fondazione dell'Impero. I tedeschi avevano solo quindici giorni per presentare le loro obiezioni e le loro controproposte; sicuramente il punto cruciale era l'articolo 231. In generale il trattato fu accolto con forti reazioni in Germania, non solo da parte della stampa e dell'opinione pubblica, ma anche dagli uomini di governo e dagli intellettuali come Max Weber. Il trattato provocò un terremoto in seno al governo con le dimissioni di Scheidemann, il quale non intendeva passare alla storia come il cancelliere di Versailles. Tuttavia il governo si trovava tra l'incudine e il martello, schiacciato

---

[26] È necessario ricordare che l'armistizio imponeva il blocco degli approvvigionamenti alimentari alla Germania. A tal scopo il governo tedesco chiedeva una rapida soluzione della pace, ma gli Alleati lo usarono come strumento per obbligare i tedeschi ad accettare le condizioni di pace. In seguito, grazie a Lloyd George, il blocco fu tolto.

[27] J.M. KEYNES, *Le conseguenze economiche della pace*, Treves, Milano 1920.

[28] V.I. LENIN, Rapporto sulla ratifica del trattato di pace contenuto in *Rivoluzione in occidente e infantilismo di Sinistra*, Editori Riuniti, Roma 1969.

dalla «terribile responsabilità di dover decidere sulla pace o una nuova guerra, sulla sottomissione o il rifiuto»[29]. Alla fine prevalse la decisione di ricorrere a quello che fra tutti era ritenuto il male minore, cioè accettare il Diktat pur chiedendo di modificare alcune clausole. La responsabilità di assicurare al trattato la maggioranza parlamentare necessaria alla sua approvazione se la assunsero due partiti: il Centro, che già aveva mandato Mattia Erzberger a sottoscrivere l'armistizio, e la Spd, che pagò assai caro quest'azione con le elezioni che si tennero l'anno successivo. Con la firma apposta il 28 giugno si pose fine dopo quasi cinque anni alla Prima guerra mondiale.

Ancor oggi la storiografia ufficiale ritiene che la Germania finì per subire il trattato di Versailles e inoltre si è d'accordo nel considerare che per i partiti di governo era difficile prevedere le reazioni di un paese come la Germania dove, non solo le opposizioni, ma anche larghi strati della maggioranza ritenevano quella pace "ignominiosa" e del tutto inaccettabile. Oggi si tende a rivalutare il peso che il "complesso di Versailles" ha avuto sulla progressiva crisi di Weimar. Sicuramente ha avuto un ruolo importante nel destabilizzare il fragile sistema democratico di Weimar, soprattutto come strumento di propaganda del partito nazionalsocialista, ma non fu mai il fattore decisivo per la fine della repubblica. Anche se la sua influenza durò per molti anni, si deve sottolineare che l'applicazione di una buona parte del trattato rimase inattuata, come pure alcune sue parti furono poi cancellate[30]. Certamente ebbe una grande influenza sulle vicende di politica interna della Germania. Infatti, già dall'estate del 1919 cominciava a indebolirsi il consenso verso la repubblica e versoi tre partiti che la sostenevano, con uno spostamento dell'elettorato verso i partiti di destra (Dvp e Dnvp) e, soprattutto verso quelle formazioni di estrema destra, razziste e nazionaliste. A ciò si deve aggiungere che la questione delle riparazioni, poiché non si fissò mai un importo preciso e si decise l'istituzione di una commissione che stabilisse di volta in volta in suo ammontare, dette vita a una serie di

---

[29] E. TROELTSCH, *La democrazia improvvisata*, Giuda, Napoli 1977, p.73.

[30] Sulla pace di Versailles molto interessante è la lettura della terza parte di *1919. La pace sbagliata* di G. ROMOLOTTI, Mursia, Milano 1969.

conferenze internazionali che contribuirono a tener vivo lo sdegno dell'opinione pubblica tedesca durante tutto l'arco della breve vita della Repubblica di Weimar.

1.6 *La nascita della Nsdap e il Putsch di Kapp*

Abbiamo visto come l'assunzione del cancellierato da parte di Friedrich Ebert il 9 novembre del 1918 significò indubbiamente una rottura rivoluzionaria. Nello stesso tempo questa spinta rivoluzionaria veniva orientata sempre più in senso radicale e democratico, trovando poi sostegno da parte dei partiti della "coalizione di Weimar". Quest'orientamento era molto evidente nell'atteggiamento della Spd, senza dubbio il partito più forte della coalizione, il cui obiettivo era il raggiungimento di un compromesso di vecchio e nuovo, rappresentato dalla sopravvivenza della burocrazia imperiale con le istituzioni che evolvevano in senso democratico[31]. Tuttavia un simile compromesso nascondeva una forte contraddizione. Infatti, la collaborazione della Spd con la borghesia aveva reso possibile una certa stabilizzazione della nascente repubblica parlamentare, ma la presa di posizione contro il radicalismo di sinistra fece sì che la socialdemocrazia finisse per dipendere dall'esercito e dall'apparato burocratico, che posero subito forti limiti alla democratizzazione dello Stato e della società. L'errore più grosso fu quello di credere di raggiungere un ristabilimento dell'ordine cooperando con le forze antirivoluzionarie che nello stesso tempo si dimostravano antidemocratiche. Con l'assassinio di Liebknecht e Luxemburg cominciò quella spirale di violenza con cui prese piede il contro-movimento radicale di destra, che ben presto passò dalla lotta contro la rivoluzione a quella contro la repubblica democratica[32]. Fu proprio Monaco di Baviera l'epicentro della controrivoluzione; era proprio in quel luogo che nasceva uno di quei

---

[31] Cfr. K.D. BRACHER, *La dittatura tedesca. Origini, strutture, conseguenze del nazionalsocialismo*, Il Mulino, Bologna 1973, p.94.

[32] *Ibidem*, p.95.

movimenti controrivoluzionari, come la "Deutsche Arbeiteppartei" (Dap: partito tedesco dei lavoratori), fondato da Anton Drexler per conto della setta segreta Thule. Allo scopo di osservare l'organizzazione della Dap, il IV comando di raggruppamento dell'esercito, di stanza in Baveria, mandò un suo uomo di fiducia: quest'uomo si chiamava Adolf Hitler, un caporale austriaco che aveva combattuto con l'esercito tedesco durante la guerra. Nonostante i grossi limiti organizzativi, Hitler ne fu colpito favorevolmente, soprattutto dal programma fortemente sciovinista e antisemita che la società Thule intendeva diffondere fra le masse lavoratrici. Dimessosi dall'esercito e una volta aderito alla Dap, Hitler, grazie alla sua oratoria e alle sue capacità di cogliere gli umori della folla, contribuì al rafforzamento del piccolo partito. Infatti, il suo primo incarico fu quello di "propagandista", ma la sua ascesa all'interno della Dap fu favorita, da un lato, dalle sue sfrenate ambizioni di potere e, dall'altra, dal fatto che la Dap era ancora un piccolo circolo dove non c'era una forte concorrenza politica. Così Hitler, approfittando anche di potenti appoggi nell'ambito militare, acquistò sempre più potere tanto da rendersi protagonista di quei primi cambiamenti che permisero il passaggio da un piccolo circolo a un partito di massa. Dapprima modificò il nome con l'aggiunta di una N e una S che indicavano il termine "National-Sozialistische"[33] e poi scelse il colore rosso alla bandiera in aggiunta alla croce uncinata, già presente come simbolo della Thule. Soprattutto, Hitler puntò alla conquista del consenso popolare, cercando il sostegno, non solo della piccola e media borghesia, ma anche degli operai. A tal scopo egli spingeva verso posizioni nazionalistiche e antisemite, eredi di una tradizione ottocentesca diffusa soprattutto tra i ceti medi tedeschi[34]. In seguito, grazie all'apporto finanziario di personaggi potenti della Monaco-bene, Hitler dette alla luce quello che diventò poi il più importante organo di propaganda della Nsdap, il "Völkischer Beobachter", alla cui direzione fu posto Dietrich Eckart, la cui influenza intellettuale fu molto forte nei confronti dello stesso Hitler.

---

[33] Il nuovo nome Nsdap doveva distinguere il partito dei lavoratori dagli altri partiti socialisti; il "socialismo" era sostituito dalla critica al bolscevismo.

[34] G. MOSSE, *Le origini culturali del Terzo Reich*, il Saggiatore, Milano 1968.

Particolarmente importante per il movimento fu l'incontro, nell'estate del 1921, con Ludendorff e con il conte Ernst zu Reventlow, popolare pubblicista razzista, sostenitore di una concezione Völkisch, popolare-razziale, in chiave antisemitica e anticristiana. Il contatto con l'ancora prestigioso Ludendorff, avvenuto grazie alla mediazione di un membro del partito, l'ingegnere Max Erwin von Sheubner-Richter, permise alla Nsdap di legare con gli ambienti di destra della Germania settentrionale. Il nemico comune era rappresentato dalla Repubblica e dai partiti che la sostenevano.

Ritornato da Berlino Hitler, attraverso uno stratagemma, riuscì a scalzare Drexler e ottenne la presidenza della Nsdap con poteri dittatoriali[35]. Nasceva così il mito del Führer, costruito inizialmente da Eckart sul Völkischer Beobachter, e poi sostenuto da Rudolf Hess, ex allievo dello studioso di geopolitica di Monaco Karl Haushofer.

Mentre Hitler s'impadroniva definitivamente della Nsdap, la repubblica navigava tra crisi separatistiche e tentativi di rovesciare il regime. Il primo episodio più grave si ebbe con il putsch di Kapp del 1920. La sedizione trova le sue origini già negli anni precedenti. Infatti, l'anno prima i nazional-tedeschi lanciarono i primi attacchi alla democrazia in ambito parlamentare; il loro capo Helfferich, ex ministro di Guglielmo II, probabilmente ispirò la deposizione fatta da Hindenburg dinanzi alla commissione d'inchiesta del Reichstag sulle cause della sconfitta. In quella deposizione Hindenburg lanciò la famosa teoria della "pugnalata alla schiena" (Dolchstoss Legende), con la quale accusava il popolo e i partiti politici come traditori dell'esercito invitto[36]. Questa teoria fu subito strumentalizzata dalle destre che la adoperarono per screditare agli occhi dell'opinione pubblica la socialdemocrazia e uomini come Erzberger, autore della risoluzione di pace del 1917. La violenza con cui Helfferich accusò Erzberger dette vita a un processo per diffamazione, dal gennaio al marzo del 1920. Il verdetto emesso il 12 marzo fu un trionfo per Helfferich, al quale il

---

[35] Fu una tattica che Hitler userà più volte in futuro. Si trattava di dichiarare le dimissioni dal partito con la consapevolezza di essersi reso necessario alle esigenze della Nsdap. In questo modo ogni sua pretesa era accontentata.

[36] Cfr. E. EYCK, *Storia della Repubblica di Weimar*, op.cit., pp.146-147.

tribunale riconobbe la fondatezza delle sue accuse. La sentenza fu vista come una vittoria degli uomini dell'Impero sulla repubblica di Erzberger, che si ritirò dalla vita pubblica[37].

Il 13 marzo scoppiava il Putsch di Kapp. Probabilmente fu solo una coincidenza ma tradiva sicuramente un malcontento diffuso tra la Reichswehr, alimentato a sua volta dalle destre in ambito parlamentare. Kapp, un funzionario prussiano ultranazionalista, Ludendorff e Lüttwitz progettarono il putsch con lo scopo di instaurare una dittatura militare. L'operazione fallì grazie alle masse popolari e ai lavoratori che non solo non appoggiano la rivolta, ma organizzano uno sciopero generale che paralizza Berlino. Tuttavia il fallimento del putsch non rafforzò il regime democratico ma, al contrario, rafforzò la Reichswehr che vedeva aumentare la sua autonomia.

In definitiva il putsch si ritorse contro la coalizione, visto che le elezioni per il primo Reichstag erano imminenti. Infatti, le elezioni del 6 giugno videro il dimezzamento dei voti della Spd e il raddoppiamento di quelli di destra, in particolare i tedesco-nazionali. Ormai la coalizione era morta e la Spd rinunciava al governo[38]. Nasceva una nuova coalizione sotto la direzione di Konstantin Fehrenbach, esponente del Zentrum.

Tra il 1921 e il 1922 la destra continuò con le sue violenze; sotto i colpi delle organizzazioni terroristiche caddero assassinati il socialista Gareis, Erzberger e il ministro degli affari esteri Walther Rathenau.

Il risultato delle elezioni del 6 giugno, la questione Versailles e l'atteggiamento delle destre, appoggiate dall'esercito e indirettamente dalla magistratura, dimostravano quanto debole fosse la base su cui si poggiava il consenso verso la repubblica. Purtroppo la repubblica non era minacciata solo da destra. Anche i comunisti dettero vita ad agitazioni che talvolta sfociarono in veri e propri putsch, ma i tentativi fatti in Sassonia, Turingia e nella Ruhr finirono in un grosso fallimento, repressi spesso con notevole violenza dal

---

[37] Il verdetto dimostrava una certa tendenza della magistratura esistente allora in Germania. Quest'atteggiamento sarà ancora più evidente con la condanna a Hitler dopo il putsch del 1923.
[38] Cfr. E. EYCK, *Storia della Repubblica di Weimar*, op. cit., pp.172-173.

governo. Questi fallimenti e l'arresto del suo maggiore esponente, Max Hölz, portarono il partito comunista allo sfascio.

1.7 *Il 1923. Il peso delle riparazioni e l'invasione della Ruhr*

Una delle conseguenze del trattato di Versailles più nefaste per la repubblica era la questione delle riparazioni. Questo problema peserà continuamente sulle sorti economiche e politiche della Germania. Dopo Versailles si tennero una serie di conferenze internazionali, in cui gli Alleati stabilivano di volta in volta l'ammontare delle riparazioni tedesche e le modalità di pagamento. Un secondo problema fu la decisione degli Alleati di ottenere come garanzia del pagamento l'occupazione di alcuni territori tedeschi. La prima conferenza, tenuta a Spa, stabilì la percentuale delle riparazioni da versare ai diversi paesi. L'ammontare della cifra fu poi stabilito solo durante la conferenza di Londra nel 1921. La Germania propose il pagamento di cinquanta miliardi di marchi-oro, ma gli Alleati ne esigevano 132. L'allora cancelliere Joseph Wirth, insieme con Rathenau, inaugurò la "politica dell'adempimento" (erfüllungspolitik)[39]. Wirth corrispose nell'estate del 1921 la prima rata da un miliardo, ma l'acquisto di valuta estera ebbe come conseguenza l'indebolimento del marco e un'impennata dei tassi d'inflazione[40].

Molto importante fu la conferenza di Genova dell'aprile 1922 in cui fu invitata l'Unione Sovietica. Durante la conferenza ci fu un riavvicinamento con la Germania che si concluse con l'accordo di Rapallo, con cui L'Unione Sovietica rinunciava a ogni pagamento tedesco ma, in compenso, entrambi i paesi uscivano dall'isolamento ed erano capaci di avviare una politica al di fuori

---

[39] Cfr. C. KLEIN, *La Repubblica di Weimar*, op.cit., p.43.

[40] Cfr. O. BAUER, *Tra le due guerre mondiali? La crisi dell'economia mondiale, della democrazia e del socialismo*, Einaudi, Torino 1979, pp.10-11.

dell'Intesa[41]. Come abbiamo visto Rathenau, firmatario dell'accordo per la Germania ed ebreo, pagò con la vita quest'azione politica[42].

Nell'autunno del 1922 un'operazione di politica interna cambiò le carte in tavola; la Spd tentò una convergenza a sinistra cercando di assorbire i resti dell'Uspd, ma quando Wirth, alla disperata ricerca di capitali, offrì alla Dvp, partito dei grandi industriali, l'ingresso al governo, allora i socialdemocratici puntarono i piedi e, contrari a una svolta a destra, fecero cadere il governo[43]. Allora il presidente del Reich Ebert nominò nuovo cancelliere Wilhelm Cuno, direttore della compagnia marittima Hamburg-Amerika, molto esperto nel suo campo ma politicamente mediocre. Il nuovo governo era composto da Zentrum, Ddp, Dvp e Völkspartei bavarese.

Cuno si rese subito conto che in quell'anno la Germania non era assolutamente in grado di versare la rata per il pagamento delle riparazioni di guerra e chiese un rinvio agli Alleati. La Francia s'irrigidì e l'allora capo del governo francese Poincaré, acceso nazionalista, denunciò la Germania per inadempienze alla commissione per le riparazioni. Con questa scusa la Francia, appoggiata da milizie belghe, occupò l'11 gennaio 1923 la regione della Ruhr, nonostante l'opposizione dell'Inghilterra e degli Stati Uniti.

Non vi era umiliazione maggiore per la Germania che vedere una delle sue regioni più ricche occupate da quelle divise che solo quattro anni prima aveva dovuto incontrare sui campi di battaglia. Inoltre era chiaro l'intento della Francia di separare la Renania dalla Germania e di sfruttarne a fondo le grandi risorse industriali. Ma l'invasione suscitò in tutta la repubblica una grande ondata di esaltazione nazionalistica, tanto che il governo Cuno ordinò la "resistenza passiva"[44]. Milioni di operai, impiegati e funzionari entrarono in sciopero e si crearono continue occasioni di attrito con le truppe francesi, con la conseguenza di contare numerosi morti. Una di queste fu quella di Leo Schlageter, un

---

[41] Cfr. E. EYCK, *Storia della Repubblica di Weimar*, op.cit., p.218.

[42] W. RATHENAU, *L'economia nuova*, Einaudi, Torino 1976.

[43] Cfr. E. EYCK, *Storia della Repubblica di Weimar*, op.cit., p.237.

[44] *Ibidem*, p.245-246.

nazionalsocialista giustiziato da una corte marziale francese, che la Kpd usò, paradossalmente, come strumento per conquistare il consenso delle classi medie, attirate sempre dalle forti campagne nazionaliste delle destre[45]. Il governo Cuno, incapace di fronteggiare gli avvenimenti e pressato dall'inflazione che aveva assunto proporzioni enormi – si pensi che all'inizio del 1923 per fare un dollaro erano necessari 18.000 marchi, mentre a fine settembre ne occorreva un miliardo-, si eclissò il 12 agosto fra l'indifferenza generale[46].

1.8 *Le debolezze interne. La Baviera e il fallito Putsch di Hitler*

Con la caduta di Cuno la Germania era arrivata ormai al collasso, con l'inflazione e la disoccupazione che continuavano a salire e a provocare grandi sconvolgimenti sociali, alimentati dalle tendenze separatiste della Baviera nazionalista, della Turingia e della Sassonia, capisaldi del fronte socialcomunista.

Al posto di Cuno fu insediato colui che la maggior parte della storiografia considera uno dei maggiori statisti della Repubblica di Weimar: Gustav Stresemann. La nomina di Stresemann, indiscusso capo della Dvp, fu voluta fortemente dallo stesso Ebert, il quale apprezzava il suo programma di sostegno a un governo di unione nazionale, che andasse dalla Dvp alla Spd. Di fronte al problema dell'occupazione della Ruhr, Stresemann decise la fine della resistenza passiva (26 settembre 1923), ritenendo che fosse l'unica via d'uscita per sollevare il governo del Reich dal sostenimento economico di milioni di

---

[45] Questa tattica, chiamata «linea Schlageter», puntava a unire, sotto la bandiera del proletariato, tutto il popolo tedesco contro l'invasore. Essa si dimostrò vincente tanto da preoccupare lo stesso Hitler che ordinò ai suoi seguaci di non accettare dibattiti con i comunisti.

[46] Per un maggior approfondimento della situazione finanziaria e della «grande inflazione» del 1923 consultare *Come la moneta muore* di A. FERGURSON, Il Mulino, Bologna 1979.

abitanti renani[47]. La decisione del cancelliere provocò inevitabilmente, da parte sia della sinistra che della destra, un vero e proprio tumulto al Reichstag.

Nel bimestre ottobre-novembre il Reich dovette fronteggiare i tentativi separatisti in molti dei suoi Länder. In Renania un gruppo di nobili antiprussiani proclamò la "repubblica renana" legata alla Francia e autonoma rispetto alla Germania. Tuttavia, il tentativo dei separatisti fu soffocato dalle organizzazioni operaie locali.

Nel frattempo la Baviera, approfittando dei violenti dibattiti politici seguiti alla decisione di Stresemann, proclamò lo stato d'emergenza nel suo territorio e, violando le norme costituzionali, investì il separatista Gustav von Kahr, uomo di fiducia dei gruppi nazionalisti bavaresi, di poteri dittatoriali[48]. Dal punto di vista del diritto si trattava di una vera e propria rivolta contro il Reich, tanto da spingerlo a proclamare anch'esso lo stato d'emergenza e ad affidare poteri dittatoriali al ministro della difesa Gessler. Grazie all'articolo 48 della costituzione il governo del Reich avrebbe potuto mandare l'esercito regolare in Baviera, ma la decisione non fu presa da Stresemann a causa dei contemporanei eventi in Turingia e in Sassonia. In questi due Länder molto forte era la presenza delle correnti di sinistra filocomuniste della Spd, le quali, incoraggiate dall'internazionale comunista, dettero vita a due governi socialcomunisti. La Kpd, credendo nella possibilità di una rivoluzione, incitò le forze operaie a sollevarsi. Ma la Reichswehr, inviata da Stresemann, riuscì facilmente a reprimere sia la rivolta operaia che i due governi filocomunisti.

Tuttavia Stresemann si rifiutò di inviare la Reichswehr contro la Baviera, ottenendo però da von Kahr l'assenso a venire patti con Berlino[49]. Secondo lo storico Broszat, von Kahr organizzò il comizio dell'8 novembre 1923 proprio con lo scopo di annunciare la svolta della sua politica[50]. La sua orazione, tenuta nella sala del Bürgerbräukeller, la più grande birreria di Monaco, non durò molto,

---

[47] Cfr. G. STRESEMANN, *La Germania nella tormenta. Diari e documenti*, Treves, Milano, vol. I pp.123-124.

[48] Cfr. K.D. BRACHER, *La dittatura tedesca*, op.cit., p.147.

[49] Cfr. G. STRESEMANN, *La Germania nella tormenta*, op. cit., vol. I pp.172-173.

[50] Cfr. M. BROSZAT, *Da Weimar a Hitler*, Laterza, Bari 1986, p.11.

interrotta dall'irruzione improvvisa di Hitler e delle SA comandate da Hermann Göring[51]. Il capo dei nazisti, dopo aver ottenuto il silenzio con un colpo di pistola, gridò: «la rivoluzione nazionale è scoppiata» e, mentendo, sostenne che la Reichswehr e la polizia bavarese marciavano sotto la bandiera uncinata. Tra lo stupore generale Hitler invitò il triumvirato – von Kahr, von Lossow e von Seißer – a seguirlo in una stanza vicina. In quella stanza li costrinse ad accettare il suo programma e subito dopo corse di nuovo in sala, dove tenne un violento discorso contro «il governo giudeo di Berlino». Il discorso di Hitler, che presentava la nascita di un governo nazionale sotto la dittatura sua e di Ludendorff, riuscì a ottenere l'entusiastica approvazione della platea. All'arrivo di Ludendorff, Hitler tenne una seconda riunione con von Kahr, Lossow e Seisser dai quali ottenne, dopo forti pressioni, la disponibilità a collaborare.

L'errore dei putschisti fu di credere nella riuscita della loro azione, fidandosi in primo luogo dei triumviri e poi del fatto che le caserme della Reichswehr erano sotto il controllo delle SA[52]. Invece von Kahr e i suoi collaboratori agirono tutta la notte per chiarire alla polizia e all'esercito la loro estraneità ai fatti della Bürgerbräukeller e la loro intenzione di contrastare i putschisti. Hitler, dopo aver scoperto il doppio gioco di von Kahr, reagì violentemente, fermo nella sua intenzione di non cedere pur rendendosi conto delle scarse possibilità di successo. Così la mattina dopo il corteo delle bande naziste, sfilate per mostrare la propria superiorità, finì fra i disordini con l'arresto di Ludendorff e dello stesso Hitler, che se la cavò con soli nove mesi di carcere grazie alla compiacenza di magistrati nazionalisti. Nel giro di pochi giorni tornò la calma in Baviera[53].

---

[51] È importante precisare che nei giorni precedenti von Kahr aveva richiesto l'appoggio di Hitler e del suo gruppo, ma aveva anche ordinato che un colpo di stato si sarebbe dovuto avere solo sotto il suo comando.

[52] Cfr. W.L. SHIRER, *Storia del Terzo Reich*, Einaudi, Torino 1962, pp.115-116.

[53] Una descrizione abbastanza dettagliata delle vicende della Bürgerbräukeller è esposta nel libro di BROSZAT, *Da Weimar a Hitler*, op. cit., pp.5-40.

1.9 *Il governo Marx e il piano Dawes*

Nel novembre del 1923 fu eletto nuovo cancelliere Wilhelm Marx. Il nuovo governo, di area borghese e fortemente osteggiato dalla Spd, provvide subito allo scioglimento del Reichstag e stabilì come data per le nuove elezioni il 4 maggio del 1924.

I primi mesi di quell'anno furono caratterizzati dall'opera di Stresemann che, pur avendo lasciato la Cancelleria, coprì la carica di ministro degli Esteri nel gabinetto Marx. Abbiamo visto come la Germania, alla fine del 1923, era sull'orlo della bancarotta e la fuga di capitali all'estero non aveva cessato di aumentare. Tuttavia le cose cambiarono dopo l'adozione del piano Dawes che, messo a punto il 9 aprile nonostante la violenta opposizione delle destre tedesche, dette ordine al problema delle riparazioni. Il piano Dawes alleggerì in parte il carico imposto alla Germania, ma, soprattutto, organizzò in modo razionale i pagamenti. Il piano rimase in vigore fino al 1930, anno in cui fu sostituito dal piano Young. L'aspetto che si rivelò più importante dopo l'adozione del piano Dawes fu che esso permise alla Germania una rapida ripresa economica, grazie anche a una serie di prestiti degli Alleati e, in particolare, degli Stati Uniti. A questo si deve aggiungere che il riassestamento del marco – tra il 1923 e il 1925 il vecchio marco fu sostituito da una nuova moneta, il Reichsmark – e una maggiore modernizzazione, razionalizzazione e concentrazione portarono, nell'arco di cinque anni, l'economia tedesca ai primi posti mondiali, con un aumento della produzione dal 15% al 40% e con una progressiva diminuzione della disoccupazione[54].

Il grande merito dell'adozione del piano Dawes e di tutta la successiva politica estera è da attribuire a Stresemann, il quale operò decisamente per liberare la Germania dal peso del trattato di Versailles e restituirle un ruolo sulla

---

[54] Cfr. *Economia e finanza in Germania. 1876-1948*, a cura della DEUTSCHE BUNDESBANK, Cariplo-Laterza, Bari 1988, pp.260-284.

scena diplomatica internazionale[55]. Il suo progetto, definito da molti pacifista ed europeista[56], ebbe successo grazie anche ai notevoli cambiamenti nel panorama internazionale. Infatti, nelle elezioni inglesi del dicembre del 1923 il conservatore Baldwin lasciò il posto a Mac Donald, e pochi mesi dopo anche in Francia Poincaré, acceso nemico della Germania, fu sostituito da Herriot. Certamente il nuovo orientamento venutosi a creare in Europa favorì l'attuazione del piano Dawes, che se da un lato aiutò la ripresa economica tedesca, dall'altro si rivelò un colossale affare per gli Stati Uniti, grazie alla politica dei prestiti.

Ritornando alle elezioni del 4 maggio, la campagna elettorale fu condizionata dagli avvenimenti degli anni precedenti ma, soprattutto, dall'opposizione delle destre al piano Dawes – il punto su cui battevano le destre era che il piano determinava una serie di "controlli finanziari internazionali" che finirono spesso per umiliare la sovranità della repubblica. Il risultato delle elezioni vide la vittoria delle destre con tre milioni di voti – solo i nazisti ne ottennero quasi due milioni –, il calo della Spd e la grande sconfitta del Centro. Questo panorama politico durò poco a causa di uno scontro parlamentare circa il piano Dawes che portò, il 7 dicembre 1924, a nuove elezioni. La stabilizzazione economica e politica cambiò le carte in tavola: i nazisti persero la metà dei loro voti a vantaggio dei tedesco-nazionali, che entrarono successivamente nel governo; i comunisti persero più di 1 milione di voti a vantaggio della Spd. Il nuovo governo, presieduto da Hans Luther dal 15 gennaio 1925, sarà un governo di coalizione borghese e nazionale, dai tedesco-nazionali ai democratici.

---

[55] Cfr. G. STRESEMANN, *La Germania nella tormenta*, op. cit., vol. I parte III, pp.421-465.

[56] In questi ultimi anni la storiografia ha in parte riveduto quelli che erano i caratteri della politica di Stresemann. Infatti, egli intuì che in quegli anni la carta vincente in Europa sarebbe stata quella del pacifismo e soprattutto dell'europeismo.

1.10 *Locarno e l'ingresso della Germania nella Società delle Nazioni*

Incoraggiato dalla forte ripresa economica, nel febbraio del 1925 Stresemann propose la nascita di un patto di sicurezza tra Germania, Belgio e Francia, basato sulla rinuncia dei tre paesi a modificare i propri confini con la forza[57]. L'attuazione di tale progetto trovò subito la diffidenza della Francia, ma non fece altro che ritardare la stipulazione avvenuta il 16 ottobre alla conferenza internazionale di Locarno. Con la mediazione dell'Inghilterra e dell'Italia, la Germania firmò trattati arbitrali con Cecoslovacchia, Polonia, Francia e Belgio, con i quali si stabiliva l'inviolabilità dei confini occidentali della Germania, la smilitarizzazione della Renania, la rinuncia a relazioni forzate polacco-tedesche e, infine, all'affidamento a un organo internazionale di tutte le contestazioni riguardo ai confini tedeschi.

Senza dubbio Locarno rappresentò una grande vittoria della politica estera di Stresemann, che fu completata con l'ingresso della Germania, nel 1926, nella Società delle Nazioni[58]. Entrambi questi avvenimenti avevano avviato «una politica d'intesa con le potenze occidentali vincitrici, unica prospettiva realistica in vista di una progressiva diminuzione delle clausole più gravose del Trattato di Versailles[...] e della ricostruzione della sovranità territoriale della Germania...»[59]. Sebbene il piano Briand-Stresemann fu salutato con grande speranza e gioia da tutto il mondo – entrambi ricevettero il premio Nobel per la pace –, esso celava una serie di contraddizioni o, peggio ancora, di malintesi; infatti Stresemann era convinto di una vicina soppressione dell'articolo 231 del trattato di Versailles, ma ben presto si rese conto dell'errore quando la Francia superò la grave crisi finanziaria che la colpì in quegli anni[60]. Dopo il 1926 non furono fatti passi avanti. Il piano Dawes rimase in gran parte inattuato – il piano aveva il difetto di

---

[57] Cfr. G. STRESEMANN, *La Germania nella tormenta*, op. cit., vol. II pp.23-25.

[58] Cfr. E. EYCK, *Storia della Repubblica di Weimar*, op. cit., p.389.

[59] M. BROSZAT, *Da Weimar a Hitler*, op. cit., p.95.

[60] Cfr. G. STRESEMANN, *La Germania nella tormenta*, op. cit., vol. II pp.203-210.

non specificare le annualità del pagamento – e di conseguenza la Germania rimase ancora in parte occupata. In realtà, soprattutto la Francia, riteneva le questioni dell'occupazione e delle riparazioni fortemente legate l'una all'altra, ma era osteggiata dalla Germania perché vi vedeva una sopravvivenza dello spirito di Versailles.

1.11 *La riorganizzazione della Nsdap*

Dopo il fallimento del putsch e l'arresto di Hitler la struttura della Nsdap cominciò a sgretolarsi, anche grazie alla decisione del governo del Reich di dichiarare il partito illegale su tutto il territorio nazionale. Tuttavia le elezioni tenute in Baviera il 6 aprile del 1924 – solo cinque giorni dopo il verdetto che condannava Hitler –, confermate anche dai risultati delle elezioni per il Reichstag del 4 maggio, rivelarono la profonda radicalizzazione delle tendenze politiche[61]. Inoltre lo stesso verdetto inflitto a Hitler – cinque anni diventati nove mesi con la condizionale – dimostrava le simpatie filonaziste di un certo tipo di magistratura. Anzi durante il processo riuscì a trasformarsi da accusato in accusatore, inveendo contro la repubblica «dei marxisti e degli ebrei».

Durante i nove mesi di reclusione Hitler preparò quello che divenne il documento programmatico della Nsdap: il *Mein Kampf*. La prima parte, dal titolo "Quattro anni e mezzo di lotta alla menzogna, alla stupidità e alla viltà", fu scritta nel periodo di prigionia e pubblicata nel 1925, mentre la seconda parte fu preparata e pubblicata nel 1927. Il libro contiene una parte autobiografica molto enfatizzata e poco veritiera, mentre nelle parti in cui il Führer illustra le sue posizioni ideologiche e politiche lo scritto risulta molto chiaro e rivelatore. Per esempio, nella parte in cui tratta del popolo e della razza, Hitler sviluppò ampiamente i temi razzistici e antisemiti, basati sulla lotta eterna della razza

---

[61] Cfr. K.D. BRACHER, *La dittatura tedesca*, op. cit., p.166.

ariana, culturalmente creativa e geniale, contro gli ebrei, simbolo della degradazione dei popoli. Così come molto chiaro l'obiettivo espresso nel secondo volume: l'illimitata espansione a Est per dare "suolo e terra" alla razza dominante[62].

Tuttavia Hitler, mentre sviluppava il suo programma di conquista del potere, si rendeva conto della pochezza della Nsdap, che si disgregava sempre più per la mancanza del suo capo carismatico. La riorganizzazione partì proprio dal carcere, dove erano rinchiusi quasi 40 putschisti, tra i quali Kriebel, Weber e, in particolare, Rudolf Hess, nominato poi "segretario del Führer". Hitler rifondò il partito su due idee fondamentali: 1) non presentare il partito come forza politica riconoscibile per un suo preciso programma; 2) fare esperienza del fallimento del 1923 e avviare la "conquista legale del potere", attraverso il consenso elettorale.

Ciò nonostante, quando Hitler uscì dal carcere, il panorama che gli si presentava era profondamente mutato. La Nsdap era spaccata all'interno, con i gruppi antiparlamentari, rappresentati da Rosemberg, Streicher ed Esser, da un lato, e quelli eletti al Reichstag sotto la direzione di Ludendorff, von Graefe, Strasser, Frick, Feder e Rohm[63]. In particolare Gregor Strasser, durante la reclusione di Hitler, era diventato il numero uno del partito e aveva spostato l'anima e le strutture organizzative naziste nel settentrione del paese. Dopo aver presentato il suo "socialismo" nazista, dette l'impronta della sua personalità alle organizzazioni da lui fondate dopo la bufera del 1923, reclutando, fra gli altri, Joseph Goebbels[64]. Nella Germania settentrionale Strasser, con l'aiuto del fratello Otto, dette vita a una fazione di sinistra della Nsdap, con un programma che non solo si scontrava con quello di politica estera di Hitler, guerra e distruzione dell'Unione Sovietica, ma addirittura si scagliava contro il capitalismo occidentale, auspicando un avvicinamento all'URSS.

---

[62] Cfr. W.L. SHIRER, *Storia del Terzo Reich*, op. cit., pp.131-133.

[63] Cfr. K.D. BRACHER, *La dittatura tedesca*, op. cit., p.171.

[64] Cfr. W.L. SHIRER, *Storia del Terzo Reich*, op.cit., pp.190-191.

Per screditare la sinistra nazionalsocialista e riprendere definitivamente il potere nel partito, Hitler sfruttò l'occasione del referendum promosso da Kpd e Spd sulla questione dell'esproprio dei beni dell'ex casa imperiale e di tutti i principi tedeschi spodestati dopo la rivoluzione del 1918. Poiché gli Strasser erano favorevoli all'esproprio, Hitler stesso convocò, il 14 febbraio 1926 a Bamberga, una riunione dei dirigenti del partito. Gli strasseriani si presentarono largamente rimaneggiati, convocati solo all'ultimo momento, e furono soggiogati e paralizzati dall'oratoria e dal carisma del Führer. Lo stesso Strasser si rese conto del trionfo di Hitler e del crollo della sinistra nazista. L'opera fu ultimata quando, alcuni mesi dopo che Hitler nominò Goebbels *Gauleiter* di Berlino e capo delle SA, Strasser fu nominato capo della propaganda del partito.

1.12 *La morte di Ebert e l'elezione di Hindenburg*

Abbiamo già visto come gli anni della stabilizzazione furono comunque caratterizzati da un continuo alternarsi di governi piuttosto deboli. Un esempio di questa crescente problematicità della situazione emerse durante le elezioni presidenziali della primavera del 1925, in conseguenza della morte improvvisa di Friedrich Ebert.

Secondo la costituzione (art. 41 e 43) il presidente del Reich doveva essere eletto direttamente dalla popolazione e il suo mandato aveva una durata di sette anni. Nella stesura della costituzione personaggi come Max Weber avevano pensato che l'elezione popolare del presidente del Reich avesse permesso di scegliere uomini il cui nome non fosse legato ad alcun partito. Alla prova dei fatti si evidenziò che la vita pubblica tedesca non presentava personalità di una certa statura[65].

---

[65] Cfr. E. EYCK, *Storia della Repubblica di Weimar*, op.cit., p.347.

Per questo motivo le elezioni finirono per dividere pericolosamente la Germania in due schieramenti opposti. All'inizio i partiti sostennero ciascuno un proprio candidato. La Spd propose il suo presidente Otto Braun; il Centro, l'ex cancelliere Wilhelm Marx; le destre, il borgomastro di Duisburg, Jarres; infine i nazionalsocialisti, i democratici, i comunisti e la Bvp presentarono, rispettivamente, Ludendorff, Hellpach, Thälmann e Held. Naturalmente alla prima elezione un tale frazionamento impedì una maggioranza assoluta.

La seconda elezione richiedeva solo una maggioranza relativa, e per questo motivo i partiti si concentrarono su pochi candidati. I partiti repubblicani appoggiarono Marx, il candidato del Centro; le destre abbandonarono Jarres e ripescarono il settantottenne Hindenburg, la cui influenza, come simbolo della guerra mondiale, era ancora forte. La sua vittoria fu ottenuta con una maggioranza molto ristretta, grazie soprattutto all'errore della Kpd di mantenere la candidatura senza speranza di Thälmann. Il successo delle destre fu ancora più sensazionale se si tiene presente che anche la Bvp, per interessi di partito, sostenne la candidatura di Hindenburg, il cui carattere antirepubblicano era assai evidente[66]. Sicuramente fu «un trionfo del nazionalismo e del militarismo e una grave sconfitta della repubblica e del parlamentarismo»[67]. Tuttavia questo trionfo si manifestò in tutta la sua importanza solo cinque anni più tardi.

1.13 *Le elezioni del 1928 e la "grande coalizione"*

I risultati delle elezioni del 20 maggio 1928 al Reichstag dettero l'impressione che le forze che sostenevano la repubblica si fossero definitivamente rafforzate. Infatti, un grande successo l'ottenne la socialdemocrazia, rimasta all'opposizione durante il precedente governo Marx,

---

[66] Cfr. K.D. BRACHER, *La dittatura tedesca*, op.cit., p.169.

[67] E. EYCK, *Storia della Repubblica di Weimar*, op.cit., p.353.

che passò da 7,8 a 9,1 milioni di voti (29,8%), mentre i partiti tradizionalmente antirepubblicani come la Dnvp e la Nsdap passarono, rispettivamente, dal 20,5 al 14,2% e dal 3 al 2,6% – minimo storico per la destra nazista. In realtà il successo della Spd rimase un fenomeno isolato poiché tutte le altre forze democratiche si mostrarono in forte flessione: il Centro scese dal 13,5 al 12%, la Dvp dal 10,6 all'8,7% e la Ddp dal 6,3 al 4,9%. Osservando infine il risultato dei comunisti, che passarono dal 9 al 10,6%, era chiaro come l'elettorato aveva premiato i partiti che erano stati all'opposizione durante il governo Marx. Il dato che si dimostrò più preoccupante nelle elezioni del maggio 1928 fu l'alta percentuale di astensioni (24,4%) e una forte dispersione di voti andati a piccoli gruppi di destra, soprattutto grazie all'elettorato contadino. Su queste masse contadine, conservatrici e antirepubblicane, fece leva Hitler per attuare il suo programma di conquista del potere; mentre fino al 1924 gran parte dei voti nazionalsocialisti proveniva dalle città, dalle elezioni del 1928 si capì che le regioni agrarie, in particolare lo Schleswig-Holstein, erano diventate il pilastro su cui si poggiò la Nsdap nella sua trasformazione a partito di massa[68].

Avendo trionfato spettò alla socialdemocrazia formare e guidare il nuovo governo. La coalizione di destra capeggiata da Marx aveva fatto il suo tempo e per la scelta del nuovo cancelliere furono presi in considerazione due uomini, il presidente del Consiglio prussiano Otto Braun e il presidente del gruppo parlamentare al Reichstag Hermann Müller. Nel caso di elezione di Braun si sarebbe ripresentato il Keiserreich, in cui le cariche di cancelliere del Reich e di presidente del Consiglio prussiano erano riunite in una sola persona[69]. Era chiaro che una tale prospettiva avrebbe creato non pochi problemi ma il pericolo fu evitato con la scelta a favore di Müller. Tuttavia il problema più spinoso rimaneva quello di formare una maggioranza all'interno del Reichstag. Un'alleanza con i comunisti era impossibile sia per motivi numerici sia per differenti vedute politiche, quindi ci si orientò per una coalizione sia con i democratici che con i partiti che avevano fatto parte del governo fino ad allora,

---

[68] Cfr. K.D. BRACHER, *La dittatura tedesca*, op. cit., pp.206-208.
[69] Cfr. E. EYCK, *Storia della Repubblica di Weimar*, op. cit., p.505.

in particolare il Centro, con la sua appendice il partito popolare bavarese, e la Dvp.

In realtà questo governo si dimostrò ben presto meno forte di quanto sembrasse, guidato da un cancelliere privo di carisma e minato nel suo interno da profonde divergenze di vedute, sia nel campo sociale sia economico. La questione più grave per Müller si presentò nel momento in cui si doveva scegliere il ministro degli Esteri. Le sue preferenze andavano a Stresemann e alla sua politica d'intesa, verso la quale gran parte dell'elettorato si era mostrato favorevole. Il partito di Stresemann, la Dvp, cercò di sfruttare la situazione per riguadagnare in Prussia la posizione che aveva abbandonato nelle elezioni del 1924, accettando la proposta di Müller di un ingresso nel governo del Reich a patto che contemporaneamente gli fosse garantita la partecipazione al governo prussiano[70]. Ma questa sorta di "ricatto" fu decisamente respinto dalla Spd e dal Centro. Falliva così in breve tempo il tentativo di Müller di raggruppare a sé un gran numero di partiti; tuttavia si cercò di aggirare l'ostacolo offrendo a Stresemann l'opportunità di entrare nel governo come "ministro tecnico" (Fachminister) anche senza la partecipazione del suo partito. Stresemann rifiutò e, mantenendosi in linea con il capo del partito democratico Erich Koch, sostenne la necessità di un "gabinetto delle personalità" in cui si tenesse conto solo della responsabilità personale del ministro del Reich e non della responsabilità dei gruppi[71]. Queste idee misero Stresemann in conflitto con il suo gruppo tanto da spingerlo a minacciare un suo allontanamento dal partito se la questione non si fosse risolta. Stresemann sapeva benissimo di godere di un certo consenso tra la popolazione tedesca, e per questo motivo rimase fermo sulla sua posizione. In sostanza chiedeva quali fossero le intenzioni del gruppo nei confronti della socialdemocrazia e, inoltre, insisteva affinché Curtius entrasse con lui nel gabinetto. Alla fine ottenne i risultati che attendeva, in quanto il gruppo accettò l'ingresso nel gabinetto dei due ministri, pur senza riconoscere

---

[70] *Ibidem*, p.506.

[71] *Ibidem*, p.507.

legami propri col governo. Nacque così quella che alla storia passò col nome di "grande coalizione".

Se la situazione dei partiti di maggioranza era andata migliorando, non altrettanto bene andavano le cose per il maggiore dei partiti dell'opposizione. Infatti, la sconfitta dei tedesco-nazionali aveva creato un filone estremamente polemico all'interno del partito stesso, ma la discussione s'incentrava soprattutto sul problema se fosse stato un bene essere entrati nel governo Marx, visto che la Dnvp era essenzialmente un partito di opposizione monarchico. Le feroci critiche e l'incapacità di chiarire una situazione particolarmente problematica, per quanto riguarda le direttive del partito, spinsero il suo capo, il conte Westarp, a rassegnare le dimissioni. Durante un congresso della Dnvp, tenuto a Berlino il 20 ottobre, la presidenza del partito fu affidata ad Alfred Hugenberg. Questi non spiccava certo per grandi capacità personali ma venivano soprattutto apprezzate le sue idee in campo politico: sfida allo Stato della Costituzione di Weimar e alla politica estera di Stresemann. Le tendenze che quindi si affermavano all'interno del partito dei tedesco-nazionali si mostravano proiettate verso un certo estremismo, contrassegnate da una direzione nazionalistica che si muoveva parallelamente al programma ideologico dello Stahlhelm[72]. Non a caso fu deciso l'appoggio incondizionato alla figura del presidente della Repubblica, Hindenburg, membro onorario dello Stahlhelm, un'organizzazione che basava appunto il suo programma politico sull'odio verso lo stato democratico. L'aspetto curioso della vicenda è che l'intromissione dello Stahlhelm nella politica spinse alcuni gruppi al Reichstag a proibire ai loro membri di far parte di queste organizzazioni, mentre il Presidente Hindenburg ne rimaneva fedele.

---

[72] *Ibidem*, p.515.

1.14 *La politica estera tedesca e il piano Young*

Due erano i problemi maggiori su cui si concentrava la politica estera in quegli anni: l'evacuazione dei territori occupati della Renania e le modifiche da apportare al testo fissato nel piano Dawes riguardo alla questione delle riparazioni. Secondo l'articolo 428 del trattato di Versailles, la regione di Coblenza doveva essere liberata dieci anni dopo, nel 1930, mentre il resto della Renania nel 1935. Tuttavia in Germania si era sempre più convinti che ci si potesse rifare all'art. 429 del trattato di pace che recitava in questo modo: «Se, alla fine del periodo di quindici anni, la Germania soddisfa tutti gli impegni[...] le truppe di occupazione saranno immediatamente ritirate»[73]. In pratica la Germania riteneva di aver adempiuto gli obblighi derivati dal trattato di pace attraverso la firma del piano Dawes, avvenuta a Londra il 30 agosto 1924. In realtà da un punto di vista giuridico la posizione tedesca era insostenibile poiché c'è una profonda differenza tra una promessa di pagamento, fatta con la firma del piano Dawes, e un pagamento vero e proprio; il pegno non poteva essere restituito da parte degli Alleati se non quando il debito fosse stato pagato. Stresemann era certamente consapevole della debolezza della posizione tedesca ma questa tesi, se poteva essere sostenuta sul piano diplomatico, divenne uno strumento di disturbo adoperato dagli oppositori della repubblica durante la battaglia elettorale.

Comunque fu proprio la Germania a sollecitare, per bocca del cancelliere Müller, la revisione del piano Dawes. In effetti, il piano Dawes non stabiliva una soluzione definitiva ma proponeva il raggiungimento di una condizione transitoria che favorisse una ricostruzione dell'economia tedesca[74].

---

[73] Fu proprio Stresemann, durante la conferenza londinese, a rifarsi a quest'articolo del trattato. Da G. STRESEMANN, *La Germania nella tormenta*, op. cit., vol. III, p.480.

[74] Attraverso il piano Dawes finiva lo sfruttamento delle materie prime e dei prodotti tedeschi ma, pur dando respiro all'economia e al commercio estero, si dimenticò che si trattava di un

Anche secondo l'agente incaricato del pagamento delle riparazioni, Parker Gilbert, uomo legato agli ambienti finanziari americani, questa fase si era conclusa e si poteva avviare una politica di revisione degli accordi sulle riparazioni[75]. In base a queste sollecitazioni una conferenza di esperti, presieduta dall'americano Young, si riunì a Parigi dal febbraio al giugno del 1929. La novità fu rappresentata dalla presenza della Germania con Schacht ai lavori del comitato. La proposta di Gilbert mirava ad annullare alcuni aspetti del piano Dawes, giacché sosteneva la necessità che la Germania adempisse i propri obblighi di pagamento senza alcun controllo straniero e che una regolamentazione definitiva dei pagamenti avesse permesso alla sua economia di muoversi su un terreno più solido. Tuttavia Gilbert poneva come condizione per una regolamentazione definitiva che l'economia tedesca presentasse segni di stabilità[76].

La proposta di Gilbert fu molto apprezzata dal rappresentante tedesco e la cosa ebbe una certa risonanza poiché Schacht non solo era il presidente della Reichsbank, ma veniva ritenuto all'estero un grande esperto di economia e di questioni monetarie. Schacht sosteneva la tesi, basilare nel piano Dawes, che «si deve pretendere che il governo tedesco, prima che il piano Young venga definitivamente accettato, metta ordine nelle finanze dello stato, dei Länder e dei comuni»[77].

Su queste basi cominciarono i lavori a Parigi, dove subito si evidenziò non solo che i paesi creditori non avrebbero concesso alcuna agevolazione alla Germania, ma che addirittura le prestazioni annuali salivano da 1,8 a 2,4 miliardi,

---

miglioramento basato su un debito contratto con le potenze straniere. Da H. SCHACHT, *Come muore una democrazia*, Ed. del Borghese, Milano, pp.28-31 .

[75] Dal colloquio del 13 novembre 1928 tra Stresemann e Gilbert. Da G. STRESEMANN, *La Germania nella tormenta*, op. cit., Vol. III, pp.294-295.

[76] Gilbert sosteneva anche il principio che il denaro dei prestiti, operati soprattutto dagli USA, dovevano essere destinati esclusivamente a scopi produttivi. L'obiettivo finale era di razionalizzare il mercato finanziario tedesco, con conseguenze positive anche sul problema delle riparazioni. Da L. VILLARI, *Weimar*, Il Mulino, Bologna 1978, pp.84-87.

[77] H. SCHACHT, *Come muore una democrazia*, op. cit., p.50.

cifra ritenuta dai tedeschi molto superiore a quelle che erano le reali possibilità dell'economia del Reich. La controproposta degli esperti tedeschi si basava sulla dimostrazione che il pagamento delle annualità era possibile solo attraverso i prestiti fatti alla Germania dall'estero e non dai profitti delle esportazioni tedesche. In questo modo si chiedeva che la Germania ottenesse la possibilità di importare materie prime dai territori oltremare e che il deficit provocato dalla perdita dei territori agricoli orientali fosse eliminato. Nonostante Schacht sostenesse la non rilevanza politica delle sue proposte, era evidente che l'impressione dei creditori era che la Germania cercasse di recuperare le sue colonie e volesse risolvere a suo favore la questione del corridoio polacco. L'infelice iniziativa di Schacht non solo rischiò di far naufragare le trattative ma provocò una certa reazione da parte sia di Müller sia di Stresemann, rilevando in particolare una certa difficoltà nei rapporti tra il presidente della Reichsbank e il ministro degli Esteri[78]. Lo stallo fu superato dallo stesso Young che avanzò una proposta che lasciò Schacht tutt'altro che soddisfatto; il rappresentante tedesco intuì che la cattiva condotta del governo del Reich in materia finanziaria avrebbe causato conseguenze nefaste in futuro. Il pericolo era rappresentato dal fatto che il governo, non potendo pagare di tasca propria, trasferiva gli oneri delle riparazioni alla Reichsbank[79]. Comunque dopo lunghissime trattative si giunse a un accordo che stabiliva il pagamento delle riparazioni su una base di cinquantotto annualità, con una media annua di 2050 milioni di marchi oro. Era il "piano Young" con cui si liberava la Germania dai controlli imposti dal piano Dawes, ma lasciava in vita il problema infinito delle riparazioni.

---

[78] Cfr. E. EYCK, *Storia della Repubblica di Weimar*, op. cit., pp.530-531.

[79] Purtroppo Schacht aveva ragione, poiché il crollo della Borsa di New York, nell'autunno del 1929, bloccò il flusso di denaro verso la Germania, con un successivo depaperaumento delle banche tedesche. La crisi bancaria del 1931 dette il colpo finale al piano Young. Da H. SCHACHT, *Come muore una democrazia*, op.cit., p.48.

1.15 *La conferenza dell'Aja e la morte di Stresemann*

Appena furono resi noti in Germania gli accordi della Conferenza di Parigi si scatenò una bufera, prevista da Stresemann e alimentata dalla stampa di Hugenberg, dallo Stahlhelm e da tutte le organizzazioni nazionaliste, a cui si associarono anche le organizzazioni comuniste. Ai violenti dibattiti pronunciati al Reichstag, parteciparono anche i nazionalsocialisti che per la prima volta si affiancavano ai monarchici della Dnvp; questa svolta nella politica nazista fu dettata proprio dal cambio al vertice dei tedesco-nazionali, con l'ascesa di Hugenberg al posto del conservatore moderato il conte Westarp[80]. La lotta in parlamento contro il piano Young raggiunse il culmine con la proposta delle destre e dei comunisti di votare la sfiducia a Stresemann. Il tentativo fallì. Purtroppo per la Germania la lotta parlamentare fu sempre accompagnata da manifestazioni e disordini di piazza.

Nonostante le grosse pressioni, il Reichstag continuò ad appoggiare la politica estera attuata fino allora, soprattutto quando il 6 agosto si riunirono all'Aja i rappresentanti dei governi interessati per discutere il piano Young. Nel frattempo il panorama politico europeo era modificato, poiché in Francia Briand era succeduto a Poincaré mentre in Inghilterra l'incarico di cancelliere dello scacchiere fu affidato a Philip Snowden. Da un lato il presidente del Consiglio francese continuò la politica di apertura verso un'intesa franco-tedesca, dall'altro Snowden, schierandosi contro il piano Young, ritenuto lesivo degli interessi inglesi, divenne il maggior responsabile dell'andamento travagliato che caratterizzò la conferenza dell'Aja[81]. La delegazione tedesca era rappresentata da quattro ministri, Stresemann per gli Esteri, Curtius per l'Economia, Hilferding per le Finanze e Wirth per i Territori occupati.

Le questioni più spinose furono l'evacuazione della Renania, di cui si occupò Stresemann, e le finanze di cui si occupò Curtius. L'iniziale andamento

---

[80] A. ROVERI, *Da Versailles a Hitler*, op. cit., pp.100-101.
[81] Cfr. G. STRESEMANN, *La Germania nella tormenta*, Vol. III, op. cit., pp.335-337.

burrascoso della conferenza fu dovuto all'ostruzionismo inglese che mise i creditori in una condizione di conflitto. La Germania inizialmente mantenne una posizione di attesa, ma quando s'intuì che le conseguenze del conflitto sarebbero ricadute sul Reich allora la delegazione tedesca intervenne. Stresemann sosteneva la tesi che la Germania non avrebbe sopportato altri sacrifici prima che i territori occupati fossero liberati[82]. La conferenza si chiuse il 31 agosto con il successo, nel campo delle finanze, dell'Inghilterra che vide notevolmente migliorata la sua posizione rispetto al programma originario. Anche la delegazione tedesca poteva ritenersi soddisfatta in quanto, pur avendo dovuto fare nuove concessioni finanziarie, vedeva diminuire progressivamente gli oneri, in base agli accordi stabiliti per il piano Young. Ma, soprattutto, si era ottenuta la liberazione della Renania con cinque anni di anticipo rispetto al termine stabilito dal trattato di Versailles, un successo che aveva una portata sia politica che economica[83].

Il merito fu quasi esclusivamente di Stresemann il quale, però, usciva profondamente provato da queste ultime battaglie tanto che la sua vita si spense solo un mese dopo, il 3 ottobre 1929, all'età di cinquantanove anni. Ancora oggi gran parte degli storici ritiene che la scomparsa di Stresemann abbia rappresentato una sciagura per l'intera Europa; la sua politica, basata su idee pacifiste, aveva permesso alla Germania di risollevarsi attraverso metodi pacifici, e pur smantellando pezzo per pezzo le rigide clausole del trattato di Versailles, trovò sempre il pieno appoggio dei governi dell'Intesa. Purtroppo da lì a poco la Germania avrebbe conosciuto un futuro assai diverso da quello che immaginava Stresemann.

---

[82] *Ibidem*, pp.346-347.

[83] Schacht criticò a lungo l'atteggiamento, in politica estera, dei governanti di Weimar. Contestava al governo il totale disinteresse verso il peggioramento delle conseguenze del prestito Young in favore di una maggiore attenzione sul problema della liberazione della Renania occupata. Schacht era convinto che il governo non avesse la minima idea di come superare le difficoltà finanziarie. Da H. SCHACHT, *Come muore una democrazia*, op.cit., pp.49-50 .

1.16 *La svolta nazionalsocialista. L'attacco alla democrazia*

La dura sconfitta subita nelle elezioni del 1928 aveva dimostrato che la Nsdap era ancora un piccolo partito e che difficilmente avrebbe raggiunto la conquista del potere attraverso vie legali. La perdita di consensi fu dovuta in gran parte alla stabilizzazione della situazione economica tedesca tra il 1924 e il 1929 e ai notevoli successi ottenuti in politica estera da Stresemann. Paradossalmente fu proprio in quest'ultimo campo che si concentrarono gli interessi di Hitler, con lo scopo di modificare a proprio favore la situazione parlamentare. Abbiamo visto che il partito, per ottenere consensi, aveva bisogno di dimostrare che le cose andavano male e a questo scopo preparò il suo attacco alla politica estera di Stresemann, basando il suo programma su quello che Bracher chiamò «nazionalismo fanatico», cioè «da distruzione sistematica e consapevole della fede nella comprensione internazionale, nell'alleanza dei popoli, nella pace mondiale»[84]. L'occasione si presentò con le revisioni operate con il piano Young e con la conferenza dell'Aja nell'estate del 1929. Nonostante l'attività di Stresemann avesse ottenuto grandi successi, fu accompagnata sempre da violenti attacchi operati dai tedesco-nazionali; la svolta si ebbe quando si rese concreto un nuovo fronte composto dal partito di Hugenberg e dai nazionalsocialisti. Vista la situazione in cui versava il partito nazista, si può sicuramente affermare che Hugenberg salvò Hitler da una sicura catastrofe[85].

L'occasione per questa nuova coalizione si presentò il 9 luglio 1929, quando i tedesco-nazionali e lo Stahlhelm costituirono un comitato per una proposta di legge di iniziativa popolare contro il piano Young. A questa iniziativa si aggiunsero anche i nazionalsocialisti[86]. Ottenuta la sottoscrizione da un decimo

---

[84] K.D. BRACHER, *La dittatura tedesca*, op.cit., p.215.

[85] Cfr. E. EYCK, *Storia della Repubblica di Weimar*, op.cit., p.563.

[86] Hugenberg, oltre a godere della fiducia del mondo industriale, era anche re della stampa e padrone dell'UFA (Universum Film A.G.). Egli, quindi, aveva un grande potere tra i mezzi di propaganda, e di questo ne approfittò Hitler per uscire dall'isolamento politico in cui si trovava

degli aventi diritto al voto, il progetto plebiscitario doveva essere sottoposto all'esame del Reichstag. Il dibattito parlamentare del 29 novembre fu particolarmente concitato e fu caratterizzato dal discorso di Curtius, successore di Stresemann al ministero degli Esteri, che attaccò violentemente l'azione di Hugenberg, nella cui occasione dimostrò la sua codardia rispondendo per bocca di un suo scudiero, Oberhofer, al discorso del ministro[87].

La grave sconfitta subita dai tedesco-nazionali determinò una spaccatura all'interno del partito con l'uscita di un gran numero di deputati dal gruppo[88]. Quando le cose sembravano ormai del tutto perdute, le forze dell'"opposizione nazionale" si trovarono improvvisamente appoggiate da Schacht. Questi presentò un memorandum al governo il 6 dicembre con cui, da un lato, si mostrava contrario all'iniziativa popolare, dall'altro, criticava energicamente il piano Young. Questo memorandum fu un attacco alle spalle nei confronti del governo, e il fatto che il maggior esperto tedesco in materia finanziaria si schierasse contro il piano Young significava, sicuramente, un forte incentivo per l'iniziativa popolare presentata dalle destre[89].

Il plebiscito del 22 dicembre 1929, con il quale si chiedeva l'eliminazione di ogni residuo pagamento riguardante il trattato di Versailles, si rilevò un fallimento poiché solo il 14% degli aventi diritto al voto si proclamò a favore della cosiddetta "legge di libertà" preparata contro il piano Young.

Nonostante la grave sconfitta, per le destre questo esperimento plebiscitario aveva reso evidente due aspetti: il primo, che un suo nuovo simpatizzante, Schacht, alla vigilia delle votazioni aveva favorito la caduta del ministro delle Finanze socialdemocratico Hilferding – quest'aspetto si rivelava

---

dopo le elezioni del 1928. Da C. LINDENBERG, *La tecnica del male. Politiche di crisi e avvento del nazismo*, Ed. Filadelfia, Milano 1980, pp.91-92.

[87] Cfr. E. EYCK, *Storia della Repubblica di Weimar*, op. cit., p.566.

[88] Oltre al fallimento della sua proposta al Reichstag quello che fu contestato a Hugenberg era la sua posizione troppo estremista nei confronti della repubblica e il suo sostegno a una politica estera sciovinista. Grande scalpore suscitò la decisione del conte Westarp di lasciare la presidenza del gruppo.

[89] Cfr. E. EYCK, *Storia della Repubblica di Weimar*, op. cit., pp.567-568.

molto importante se si tiene conto della difficile situazione finanziaria che opprimeva il paese –; il secondo, che l'alleanza fra la parte più radicale del partito tedesco-nazionale e la Nsdap dette la possibilità a quest'ultima di accedere a nuovi ambienti sociali, in particolare a quello economico che si mostrò particolarmente interessato alle capacità propagandistiche di Hitler e dei suoi collaboratori[90].

1.17 *Il crollo definitivo della grande coalizione*

Purtroppo per la Germania l'opposizione di destra non fu la sola a cambiare la propria fisionomia; anche all'interno dei partiti della maggioranza ci furono importanti modificazioni. Verso la fine del 1928 il prelato Ludwig Kaas sostituì come presidente del partito del Centro il sindacalista Adam Stagerwald. Kaas mostrò subito quelle che erano le linee della sua politica: allontanamento dalla Spd, considerata come un «nemico su importanti terreni», e avvicinamento alla Dnvp per cercare punti di contatto[91]. Anche la Dvp subì importanti cambiamenti. La morte di Stresemann favorì l'ascesa alla presidenza del partito di Ernst Scholz che avviò una politica tesa a trasformare il programma del partito da una base liberale a una economicistica antimarxista. Era ormai chiaro che con l'opposizione operata non solo dalle destre e dai comunisti, ma anche dai partiti della maggioranza, la Spd non riusciva più a sostenere da sola il peso del governo. Inoltre l'aggravamento della situazione economica del paese spingeva una buona parte del partito a concentrarsi sempre più verso gli interessi dei lavoratori. Infatti, la base del partito sentiva la forte necessità di sostenere la causa della classe operaia, mentre avvertiva sempre meno l'esigenza di mantenersi al governo. Con la rinunzia della Spd, quale partito più forte

---

[90] Cfr. K.D. BRACHER, *La dittatura tedesca*, op. cit., p.216.
[91] Cfr. H. SCHULZE, *La Repubblica di Weimar. La Germania dal 1917 al 1933*, Il Mulino, Bologna 1987, pp.381-382.

all'interno della maggioranza, alle sue responsabilità di governo, lo spettacolo che questa coalizione dava al paese era misero e alimentava, contemporaneamente, la propaganda nazionalsocialista contro il sistema di Weimar. La tecnica era sempre la stessa, basata sul ricondurre tutti i problemi a poche cause: Versailles, l'incubo dell'iperinflazione del 1923 e gli ebrei.

Furono due le principali cause che portarono al fallimento la grande coalizione: la crisi economica mondiale e il problema interno dell'assicurazione dei disoccupati.

Sebbene i primi segni di depressione dell'economia mondiale si fossero già fatti sentire nei mesi precedenti – il culmine del ciclo congiunturale fu indicato nell'agosto del 1929 –, l'inizio della crisi fu fatto coincidere ufficialmente con il crollo della Borsa di New York nell'ottobre del 1929[92]. Il fatto che il crollo di Wall Street ebbe ripercussioni in tutto il mondo poteva essere spiegato solamente tenendo conto che nel dopoguerra l'influenza dell'economia statunitense sui mercati internazionali era cresciuta straordinariamente. Inoltre era il principale paese creditore per quel che riguarda i debiti di guerra.

In Germania la recessione iniziò e si concluse prima – dall'aprile del 1929 all'agosto 1932 – e fu estremamente grave poiché dipese quasi esclusivamente da fattori internazionali, come le riparazioni e i flussi di capitali. Indubbiamente il problema delle riparazioni e quello, direttamente collegato a esso, dei debiti di guerra delle nazioni ex-alleate verso gli Stati Uniti furono fattori depressivi importanti. Nel suo saggio[93] l'economista Goffried Haberler, tuttavia, ritiene che questo non fosse un fattore determinante nella crisi tedesca; sicuramente più importanti furono il ritiro dei crediti esteri, la fuga di capitali dal paese, la svalutazione della sterlina e le modificazioni apportate dagli americani

---

[92] Cfr. *Economia e finanza in Germania 1876-1948*, a cura della DEUTSCHE BUNDESBANK, op. cit., p.226.

[93] G. HABERLER contenuto in *Economia e finanza in Germania 1876-1948* (saggi), a cura della DEUTSCHE BUNDESBANK, op. cit., pp.219-258.

all'Hawley-Smoot Act[94]. Questo spiegava anche il motivo per cui la congiuntura tedesca aveva anticipato il crollo della Borsa di New York.

Il peggioramento delle condizioni economiche tedesche influì sulle pubbliche finanze soprattutto per quel che riguarda i costi sostenuti dal Reich nel campo dell'assistenza ai lavoratori e all'assicurazione contro la disoccupazione. Con la crisi i disoccupati erano aumentati dal milione e ottocentomila del gennaio 1929 ai due milioni e ottocentomila del gennaio 1930. Sulla base di questi dati si sentiva sempre più il bisogno di preparare una riforma nel campo delle provvidenze contro la disoccupazione. Il dibattito che ne nacque vide la partecipazione attiva di tutti i gruppi parlamentari: la Dvp, rappresentante anche di ampi settori dell'industria tedesca, proponeva una riduzione delle prestazioni assicurative in modo che non fosse aumentato il contributo dei datori di lavoro e degli operai. Il ministro del lavoro Wissel, rappresentante dei liberi sindacati nel governo, si mostrò favorevole a un aumento dei contributi ma trovò una forte resistenza all'interno del suo stesso gruppo. Le trattative durarono alcuni mesi e solo dopo il 12 marzo 1930, giorno in cui il Reichstag approvò le leggi di accettazione del piano Young, l'attenzione si concentrò su questo problema[95]. Il Ministro delle Finanze Moldenhauer proponeva di permettere alla pubblica amministrazione di elevare il contributo dal 3,5% al 4%. Tuttavia affinché ciò fosse possibile, era necessaria una delibera approvata dalla maggioranza dei datori di lavoro e dei rappresentanti dei lavoratori. Ancora più interessante fu la proposta firmata dal deputato Oscar Meyer, sindaco della Camera di commercio di Berlino, e da Brüning, con la quale il Reich avrebbe garantito all'istituto della

---

[94] L'Hawley-Smoot Act prevedeva un quadro di tariffe doganali nel campo delle importazioni; nel 1930 gli Stati Uniti, convinti di mantenere la situazione sotto controllo, introdussero, al suo interno, dei dazi d'importazione notevolmente alti, con conseguenze durissime per l'economia mondiale.

[95] Durante questo periodo il governo fu costretto a piegarsi alle pressioni di Schacht che varò un progetto in cui si prospettava un aumento dei contributi per l'assicurazione contro la disoccupazione dello 0,5% (fino al 3,5%); l'azione di Schacht provocò soprattutto la reazione delle sinistre, anche se, a partire dal gennaio 1930, l'attenzione dell'opinione pubblica tedesca si concentrò sulla seconda Conferenza internazionale dell'Aja, che doveva varare definitivamente il piano Young.

disoccupazione sovvenzioni fissate annualmente, con la possibilità di aumentare i contributi secondo il progetto di Moldenhauer[96]. Questo progetto trovò l'approvazione di tutti i partiti eccetto la Spd e il Volkspartei bavarese. Nonostante ciò furono tre su quattro i ministri socialdemocratici che l'accettarono: Müller, Severing e Schmidt. Poiché solo Wissel la respinse, il gruppo parlamentare socialdemocratico era costretto a prendere una decisione. Dovendo tenere conto degli interessi dei sindacati ed essendo consapevole che la decisione era più politica che sociale, il gruppo socialdemocratico si schierò al fianco di Wissel nel rifiutare il compromesso.

Era chiaro che il prezzo che si doveva pagare era altissimo. Müller fu costretto a dichiarare che accettava il compromesso e cercò di convincere a fare ciò anche Moldenhauer ma senza successo. Il cancelliere si rese conto che il suo partito si era fatto carico della responsabilità completa del fallimento dell'intesa, e su sua proposta il governo del Reich si dimise al completo. Con il crollo del gabinetto Müller finisce per sempre la grande coalizione. Purtroppo per la Germania la sua conclusione «coincise con la paralisi del funzionamento del sistema istituzionale parlamentare»[97].

1.18 *L'esperimento Brüning: dal parlamentarismo ai regimi presidenziali*

La caduta del gabinetto Müller aveva indicato come la grande coalizione era "logorata" e al di fuori di ogni legame con la realtà politica, economica e sociale. Già dalla fine del 1929 gli ambienti industriali capitalistici, i cui interessi si erano conciliati con quelli della Spd, rappresentante dei ceti operai, si erano messi alla ricerca di alternative a Hermann Müller e alla socialdemocrazia. È da questo momento che cominciano quegli intrighi dietro le quinte che saranno

---

[96] Cfr. E. EYCK, *Storia della Repubblica di Weimar*, op. cit., p.586-587.
[97] G.E. RUSCONI, *La crisi di Weimar. Crisi di sistema e sconfitta operaia*, Einuadi, Torino 1977, p.252.

fatali alla repubblica, e che vedono la partecipazione di pochi uomini, come il generale von Schleicher, che riscuotono la fiducia degli ambienti industriali, terrieri, dell'esercito e di Hindenburg[98]. Sarà proprio l'opera di von Schleicher che condizionerà vistosamente la vita politica tedesca fino alla fine della repubblica; egli era stato il tramite fra la Reichswehr e il Reichstag e, quando Gröener coprì la carica di ministro della Difesa nel 1928, divenne capo del gabinetto ministeriale della Reichswehr[99].

La scelta di Brüning come cancelliere del Reich era stata sostenuta dallo stesso Schleicher nei suoi colloqui con Hindenburg. L'attenzione di Schleicher su Brüning, leader della frazione del Centro al Reichstag, era motivata dal vuoto venutosi a creare in seguito alla difficile situazione e alle non felici scelte operate in campo politico dalla socialdemocrazia, con la conseguenza che il partito del Centro aveva acquistato un ruolo particolarmente importante nella vita politica del paese[100]. Dal 1919 il Centro era stato sempre al governo, proponendosi come cerniera tra la destra e la sinistra, ed era sempre uscito indenne a tutti i passaggi elettorali[101].

La formazione del gabinetto Brüning avvenne in tempi rapidissimi; già il 30 marzo 1930 Hindenburg firmò i decreti di nomina dei nuovi ministri. Erano rimasti quasi tutti i ministri del precedente gabinetto: Curtius agli Esteri, Moldenheuer alle Finanze, Gröener alla Reichswehr, Schätzel alle Poste, mentre Wirth, Stegerwald, von Guérard e Dietrich rimasero ma cambiarono dicastero. Solo i ministri socialdemocratici erano assenti da questo governo, sostituiti da due ex tedesco-nazionali, Schiele e Treviranus, rispettivamente agli Approvvigionamenti e al Tesoro. Infine al ministero della Giustizia fu posto Marburg Viktor Bredt. In questo modo, a eccezione della Spd, quasi tutti i partiti

---

[98] Cfr. C. KLEIN, *La Repubblica di Weimar*, op. cit., p.81.

[99] *Ibidem*, p.82.

[100] Cfr. H. SCHULZE, *La Repubblica di Weimar*, op. cit., p.390.

[101] *Ibidem*, p.390.

che sostenevano la repubblica erano rappresentati al governo, anche se questo esecutivo evidenziava una «indubbia sterzata a destra»[102].

L'esordio del nuovo cancelliere al Reichstag l'1 aprile fece subito capire qual era la situazione in cui trovava la politica interna della Germania. Nel suo discorso programmatico Brüning "minacciò" che se ce ne fosse stato bisogno non avrebbe rinunciato a usare anche mezzi straordinari per governare. In altre parole il cancelliere poneva al Reichstag due scelte: appoggiare l'azione del governo o sciogliere il parlamento. L'idea di Brüning era di far uso dell'articolo 48 della Costituzione, con il quale il Reichspräsident poteva emanare decreti eccezionali senza l'approvazione del parlamento[103]. In effetti, Brüning si era reso conto che sommando tutti i partiti che partecipavano al governo otteneva solo una minoranza al parlamento, mentre la Spd, insieme con i gruppi di destra e di sinistra, formava una pericolosa maggioranza. Tenendo conto che anche i partiti di governo non si erano assunti particolari impegni nei confronti di questo esecutivo, a Brüning non rimase che appoggiarsi al presidente del Reich.

Questo governo aveva sostanzialmente due obiettivi: risanare le finanze e porre fine all'annosa questione delle riparazioni. Poiché questi due aspetti erano terribilmente legati l'uno all'altro, il cancelliere avviò una politica di rigoroso risparmio e, nelle trattative con i paesi creditori, sfruttò al massimo le cattive condizioni economiche tedesche. Nei primi mesi del suo governo Brüning si trovò subito di fronte a enormi difficoltà, in quanto le contraddizioni del suo governo presidenziale si mostrarono con tutta la loro drammaticità. La crisi si aprì intorno ad alcuni punti del programma di risanamento; nel suo insediamento questo esecutivo aveva sostenuto alcune soluzioni per la crisi

---

[102] C. KLEIN, *La Repubblica di Weimar*, op. cit., p.82.

[103] L'articolo 48 prevedeva anche la possibilità da parte del parlamento di revocare le misure eccezionali, ma si riuscì ad aggirare l'ostacolo utilizzando la prerogativa del presidente del Reich di sciogliere il parlamento. Così com'era stato formulato, l'articolo 48 dava spazio a diverse interpretazioni della sua applicazione, e in questo modo dette ai governi presidenziali del triennio 1930-33 la possibilità di prevaricare quella che era la volontà parlamentare, dandosi così un carattere anticostituzionale. Da G.E. RUSCONI, *La crisi di Weimar. Crisi di sistema e sconfitta operaia*, Einaudi, Torino 1977, p.285.

finanziaria che corrispondevano fondamentalmente a quelle proposte dal precedente governo – esecuzione del bilancio preventivo e del programma di coperture di Moldenhauer[104]. In realtà il governo presentò subito un nuovo programma agrario, in cui si notava l'influenza di Hindenburg e del suo braccio destro Schiele[105]. I partiti di governo, pur rendendosi conto che il programma di Schiele non rispondeva in pieno a una libera politica economica, lo accettarono. La socialdemocrazia lo respinse, ma ciò che preoccupava di più era che le destre probabilmente avrebbero aiutato l'approvazione del programma agrario mentre avrebbero osteggiato il programma di coperture. Per prevenire questo pericolo collegarono i due progetti nel cosiddetto "Junktim" e inserirono nel programma agrario un paragrafo in cui esso sarebbe entrato in vigore solo dopo che erano stati approvati i progetti di coperture[106]. Lo Junktim fu approvato il 12 aprile.

Questo fu il primo successo di Brüning ma il vero problema che assillava il paese era l'approvazione del bilancio che, in seguito alla perdurante crisi economica, era difficile da pareggiare. Moldenhauer propose un programma di coperture che però gli mise contro il suo stesso partito, il Partito Popolare. Il ministro fu costretto alle dimissioni e fu sostituito da Hermann Dietrich, il cui gruppo, il partito democratico, dichiarò subito di non sentirsi legato a tutti i punti del programma di coperture preparato da Moldenhauer, pur avendo un suo rappresentante alla carica di ministro delle Finanze. Il 7 luglio Dietrich presentò un nuovo progetto di coperture in cui fu proposto un aumento delle imposte sia dirette che indirette, ma, soprattutto, furono seguite entrambe le

---

[104] Cfr. E. EYCK. *Storia della Repubblica di Weimar*, op.cit., p.598.

[105] È necessario ricordare che Hindenburg, oltre a possedere una tenuta a Neudeck, era strettamente legato agli ambienti facenti capo ai proprietari terrieri della Germania orientale. Il nuovo programma agrario era proprio indirizzato ai territori orientali, e disponeva, in particolare, di una riduzione degli interessi e degli oneri a carico dei proprietari, sostenendo così le organizzazioni economiche esistenti. Inoltre proponeva per la segale e per il frumento un'aliquota mobile doganale che raddoppiava il loro prezzo sul mercato tedesco.

[106] Cfr. E. EYCK, *Storia della Repubblica di Weimar*, op. cit., p.605.

strade nella questione delle assicurazioni contro la disoccupazione: limitazione delle riscossioni e aumento dei contributi[107].

Nel discorso di presentazione del progetto al Reichstag le parole di Brüning furono interpretate come una minaccia alla libertà di decisione del parlamento, e fu solo allora che i socialdemocratici capirono che era stato un errore rovesciare la grande coalizione. La minaccia del cancelliere di applicare l'articolo 48, nel caso in cui il Reichstag non avesse approvato il progetto di coperture, spinse la Spd, i comunisti, i nazionalsocialisti e gran parte dei tedesco-nazionali a votare contro. Di conseguenza il gabinetto, con l'autorità del presidente e in base all'articolo 48, metteva in esecuzione il progetto di Dietrich. Poiché le opposizioni e gran parte dei tedesco-nazionali, guidati da Hugenberg, chiesero, sempre in base all'articolo 48, la revoca del decreto, Brüning reagì con estrema durezza, sciogliendo il Reichstag attraverso un ulteriore decreto presidenziale[108].

1.19 *Il punto di svolta: le elezioni del settembre 1930*

Col suo scioglimento scompare l'ultimo Reichstag a maggioranza repubblicano-democratica della Repubblica di Weimar[109]. Con il senno di poi si può ritenere che fu il più grande errore tattico di Brüning, poiché spianò la strada agli oppositori della repubblica. La conferma venne dai risultati delle elezioni del 14 settembre, che evidenziarono molto bene qual era lo stato d'animo e com'era forte il desiderio di cambiamento tra la popolazione.

L'esito della tornata elettorale vide la sorprendente ascesa dei nazionalsocialisti che, fenomeno del tutto nuovo nella storia del

---

[107] *Ibidem*, pp.606-607.

[108] Cfr. G.E. RUSCONI, *La crisi di Weimar*, op.cit., p.287.

[109] C. KLEIN, *La Repubblica di Weimar*, op. cit., p.83.

parlamentarismo, passarono da 12 a 107 deputati (18,3%). Il Centro dimostrò ancora una volta la sua solidità passando da 62 a 68 deputati (12%); la Spd riuscì a contenere i danni passando dal 29% al 24%, rimanendo ancora il gruppo più numeroso; progressi li fecero anche i comunistiche aumentarono dal 10,6% al 13,1%; la grossa sconfitta la subirono i partiti liberali – il Partito Popolare Tedesco e lo Staatspartei –, che persero complessivamente 1,3 milioni di voti, e i Tedesco-Nazionali che si videro ridurre il numero degli elettori da 4,3 milioni a 2,4 milioni (da 73 a 41 deputati)[110].

Facendo il calcolo si nota subito che il grosso successo del partito di Hitler fu la conseguenza della "fuga" di voti dai partiti borghesi e dalla destra tradizionale, con il risultato che la Nsdap divenne per numero il secondo gruppo dopo la Spd al Reichstag e il primo nell'area di destra[111]. I temi della campagna nazionalsocialista contro il piano Young e le riparazioni, l'antisemitismo e lo sfrenato nazionalismo avevano fatto presa soprattutto sulle masse giovanili, sfiduciate dalla disoccupazione e da un incerto futuro. Parallelamente Hitler, incoraggiato dal successo elettorale, concentrò la sua attenzione sull'esercito e sul mondo industriale e finanziario, con lo scopo di guadagnarli a sé [112].

La configurazione del nuovo parlamento metteva in seria difficoltà Brüning: egli disponeva di un sicuro appoggio da parte dei partiti fedeli alla costituzione, ma non c'era più quella maggioranza di due terzi del parlamento che gli permettesse di applicare le leggi modificatrici della costituzione o la legge di conferimento dei pieni poteri[113]. Inoltre l'impressione suscitata dalle elezioni

---

[110] La catastrofe che si abbatté sui tedesco-nazionali era sicuramente da attribuire alla tattica adoperata da Hugenberg, che si dimostrò decisiva, in senso negativo, nello scioglimento del Reichstag. L'incapacità di Hugenberg di trarre insegnamento dalla sconfitta favorì l'avanzata dei nazisti verso la conquista del potere.

[111] Un aumento di cinque milioni e mezzo di voti a favore della Nsdap non poteva essere giustificato solo dal crollo di alcune forze politiche. Sicuramente ebbero un ruolo importante i giovani che avevano acquisito il diritto al voto, compiendo i vent'anni, e quella massa di "non votanti" che aveva caratterizzato le elezioni del 1928 (l'82% di queste elezioni rappresentava una percentuale di partecipazione straordinariamente alta).

[112] W.L. SHIRER, *Storia del Terzo Reich*, op.cit., p.213.

[113] Cfr. H. SCHULZE, *La Repubblica di Weimar*, op. cit., p.401.

tedesche, all'estero, fu disastrosa. La più forte reazione si ebbe in Francia, dove i nazionalisti contestavano la politica di avvicinamento alla Germania, operata da Briand. Anche in Inghilterra la situazione tedesca fu vissuta come una sorta di terremoto, con il crollo della Borsa di Londra e la perdita di cinque punti e mezzo del prestito Young. Il timore che i nazionalsocialisti potessero andare al potere spinse non solo i creditori stranieri a riscuotere i loro crediti ma anche i capitalisti tedeschi a mettere in salvo all'estero i loro patrimoni[114]. In definitiva la vittoria nazionalsocialista ebbe come conseguenza un aggravamento della situazione economica tedesca con la perdita di un miliardo di capitali, necessari per il pagamento dell'annualità riguardante le riparazioni[115].

In questa situazione si avvicinava la prima seduta del nuovo Reichstag, e con essa il pericolo che si votasse la sfiducia al cancelliere. Mentre Hindenburg preparava un nuovo decreto di scioglimento del Reichstag in caso di sfiducia, un ruolo fondamentale lo svolse la Spd. Già da qualche tempo la confindustria tedesca e la Reichswehr pressavano su Brüning affinché si accordasse con i socialdemocratici. Il partito dell'economia e la stessa direzione della Spd si opposero tenacemente a questa nuova prospettiva. Entrò allora in gioco la mediazione del presidente dei ministri prussiani Otto Braun che, forte dell'appoggio dell'ultimo governo di coalizione weimeriana presente in Prussia, convinse i rappresentanti del gruppo socialdemocratico al Reichstag della gravità della situazione[116]. Contraria a un nuovo scioglimento del Reichstag, la Spd decise di appoggiare il cancelliere, dando così vita alla «politica socialdemocratica di tolleranza, che avrebbe coperto le spalle a Brüning per un anno e mezzo»[117].

---

[114] Cfr. E. EYCK, *Storia della Repubblica di Weimar*, op. cit., p.622.

[115] *Ibidem*, pp.622-623.

[116] La Prussia rimaneva il più grande serbatoio di voti per la Spd e il suo maggior rappresentante, Braun, intuendo il grosso pericolo rappresentato dall'avanzata dei nazionalsocialisti, decise di sostenere la carta Brüning, definendo la sopravvivenza politica del cancelliere come il male minore.

[117] H. SCHULZE, *La Repubblica di Weimar*, op. cit., p.429.

1.20 *Dalla politica di deflazione alla conferenza di Ginevra*

L'apertura del nuovo Reichstag, nell'ottobre 1930, evidenziò subito qual era il clima che caratterizzava la situazione politica del momento. I 107 deputati nazionalsocialisti entrarono al Reichstag indossando l'uniforme bruna delle SA, destando scalpore tra la stampa mondiale. La situazione si tranquillizzò quando furono respinte, da una sicura maggioranza, le mozioni di sfiducia presentate dall'opposizione nazionale. Brüning, dunque, era passato e chiarì subito qual era la strategia che avrebbe adoperato per raggiungere il risanamento delle finanze: la politica di deflazione. Il raggiungimento dell'obiettivo di risanamento del bilancio sarebbe potuto avvenire solo attraverso forti tagli della spesa pubblica e riduzioni dei salari e dei prezzi. In questo modo si sarebbero aumentate le esportazioni ma, soprattutto, la politica di deflazione avrebbe avuto importanti conseguenze in politica estera: infatti, l'obiettivo finale del programma di Brüning era la definitiva eliminazione delle riparazioni[118].

La strategia del cancelliere faceva perno, quindi, sulla volontà di dimostrare agli Alleati che la Germania avrebbe raggiunto il pareggio del bilancio, rispettando le clausole imposte dal piano Young. Parallelamente Brüning voleva dimostrare ai paesi creditori che, nonostante la buona volontà, la Germania non era in grado di adempiere le richieste alleate; questa tattica poteva essere interpretata anche come un rafforzamento dell'esecutivo in politica interna, poiché la dimostrazione dell'insolvibilità tedesca in materia di riparazioni, avrebbe soddisfatto sia i nazionalsocialisti che i comunisti. Questo dilemma spinse Brüning a celare continuamente i suoi piani facendo fede anche sull'incomprensione dell'opinione pubblica[119].

Dal dicembre 1930 al febbraio 1931 il Reichstag si riunì per discutere i progetti finanziari. Brüning e Dietrich si rendevano conto che il programma finanziario era impopolare, poiché richiedeva grossi sacrifici a un popolo già

---

[118] Cfr. G.E RUSCONI, *La crisi di Weimar*, op. cit., pp.320-321.
[119] Cfr. H. SCHULZE, *La Repubblica di Weimar*, op. cit., pp.432-433.

provato dalla crisi economica. Ed era proprio la crisi economica che metteva in difficoltà il governo Brüning. Si cominciò a capire che il calo congiunturale dell'inverno 1930-31 era profondamente diverso della depressione del 1925-26. Infatti, non si evidenziarono cenni di ripresa e la disoccupazione giunse a livelli di estrema pericolosità, con quasi cinque milioni di senza lavoro. Il governo cercò di fronteggiare l'emergenza introducendo nuove tasse e aumentando quelle già esistenti, con la conseguenza di una maggiore impopolarità e un crescente malumore tra il popolo. L'impopolarità nei confronti dell'esecutivo crebbe quando il 3 giugno il governo emanò una seconda ordinanza con cui si riducevano gli stipendi nel pubblico impiego, si diminuivano le pensioni per gli invalidi di guerra, si sopprimeva il sussidio di disoccupazione e si aumentava l'imposta straordinaria sulla crisi. Brüning era ben consapevole che una tale mossa avrebbe dimostrato ai paesi creditori la volontà della Germania di rispettare il piano Young. Tuttavia non aveva fatto i conti con un avvenimento alquanto improvviso, che aggravò ulteriormente la situazione finanziaria mondiale: la crisi bancaria.

Il tutto nacque in seguito al progetto di unione doganale presentato tra il 3 e il 5 marzo 1931 tra la Germania e l'Austria, il cui grande artefice fu l'allora segretario di Stato del Ministero degli Esteri Bernard W. von Bülow. La Francia, non a torto, vedeva dietro questo progetto l'Anschluss, l'unione politica tra Austria e Germania. A tal scopo i francesi ritirarono i loro prestiti da una delle maggiori banche europee, la Wiener Creditanstalt, che rimanendo senza liquidi fu costretta a dichiarare la bancarotta[120]. Il crollo dell'Istituto di credito viennese scatenò una reazione a catena, con la fuga di capitali stranieri dalle banche tedesche. La minaccia di una bancarotta di stato si faceva sempre più reale in Germania. Fu a questo punto che intervenne il presidente americano Hoover che, preoccupato che la crisi bancaria potesse coinvolgere direttamente gli Stati Uniti e creare forti tensioni sociali in Europa, annunziò il 20 giugno 1931 al mondo intero il rinvio di un anno di tutti i debiti per le riparazioni[121]. Il

---

[120] *Ibidem*, p.435.

[121] Cfr. E. EYCK, *Storia della Repubblica di Weimar*, op. cit., pp.650-651.

cosiddetto "piano Hoover" destò grandi entusiasmi, soprattutto in Germania, ma trovò anche grandi difficoltà di fronte alla reazione francese. La Francia, temendo che i tedeschi non avrebbero continuato i pagamenti dopo l'anno di sospensione, chiese che la Germania dovesse pagare le annualità incondizionate.

Le trattative per l'attuazione del piano Hoover celavano almeno due preoccupazioni tra gli inglesi e gli americani: il riarmo tedesco e l'unione doganale tedesco-austriaca. Nel primo caso l'ambasciatore americano Sackett chiese a Brüning di rinviare la costruzione del nuovo incrociatore corazzato tedesco, ma ne ottenne solo un rifiuto, a dimostrazione che il cancelliere esprimeva il forte proposito di Hindenburg di evitare qualsiasi taglio alle spese militari[122]. Nel secondo caso, i governi inglesi e americani si preoccupavano di tranquillizzare i francesi, ma la cosa slittò di qualche mese, anche se era evidente che il progetto stava andando in fumo.

Le trattative tra francesi e americani per l'attuazione del piano Hoover andarono in porto, ma ciò non impedì a una delle maggiori banche tedesche, la DanatBank di fallire (13 luglio 1931)[123]. Il panico si diffuse in tutto il paese e a Brüning non rimase che emanare una serie di decreti presidenziali con i quali si stabiliva la chiusura degli sportelli bancari e si autorizzava il governo a partecipare a una nuova "Banca di accettazione e di garanzia" per reinserire la DanatBank nel giro dei pagamenti[124]. Il controllo delle banche da parte dello stato garantiva solo il pagamento degli stipendi e le prestazioni sociali; al contrario rimanevano bloccati i soldi dei risparmiatori e, parallelamente, si fermavano gli investimenti nell'industria e nell'agricoltura, con un arretramento della produzione e un aumento della disoccupazione[125]. A settembre, poi, tramontava del tutto il progetto di unione doganale per il ritiro della stessa

---

[122] *Ibidem*, p.652.

[123] Prima che fosse attuata la moratoria Hoover, Schacht aveva denunciato l'incapacità della DanatBank di soddisfare i pagamenti esteri ma il governo e, soprattutto, la Reichsbank, guidata allora da Luther, non ascoltarono i suoi appelli. Da H. SCHACHT, *La resa dei conti con Hitler*, Garzanti, 1949, pp.29-30.

[124] Cfr. E. EYCK, *Storia della Repubblica di Weimar*, op. cit., p.655.

[125] Cfr. O. BAUER, *Tra le due guerre mondiali?*, op. cit., p.12.

Austria, sancito, pochi giorni dopo, dalla decisione della Corte internazionale dell'Aja, che lo riteneva giuridicamente incompatibile con l'impegno assunto dal governo austriaco nei confronti della società delle Nazioni.

Pur avendo fallito uno degli obiettivi principali in politica estera, la soluzione che Brüning propose per la crisi bancaria sembrò funzionare, ma il vero problema rimaneva ora il pagamento delle riparazioni. Fortunatamente per i tedeschi gli americani e gli inglesi si rendevano conto che la continuazione dei pagamenti avrebbe portato la Germania alla bancarotta. Fu preparato un rapporto (Rapporto Layton) con cui si presentava ai paesi creditori la situazione finanziaria tedesca e, nel dicembre 1931, si decise di organizzare una conferenza a Losanna, allo scopo di giungere a una definitiva regolamentazione dei pagamenti. Era ormai evidente che Brüning intendesse «chiudere definitivamente la partita delle riparazioni»[126]. Intuito ciò, l'opinione pubblica francese reagì e la conferenza slittò da gennaio a giugno del 1932.

Nel frattempo il 2 febbraio ebbe inizio a Ginevra la conferenza sul disarmo, in cui furono discusse alcune disposizioni sugli armamenti presenti nel trattato di Versailles. A tal scopo la Germania presentava la tesi dell'uguaglianza di diritti con gli altri stati. Le soluzioni erano due: o tutti gli Stati scendevano al livello tedesco, o la Germania si riarmava al pari degli altri paesi. Il cancelliere tedesco riuscì ad arrivare a un compromesso con i delegati americani, inglesi e italiani: La Germania non si riarmava nei successivi cinque anni ma gli era permesso di allestire una milizia di 100.000 uomini l'anno e di ridurre il servizio militare da dodici a cinque anni. Lo scopo di Brüning era di arrivare alla definitiva eliminazione delle clausole militari imposte dal trattato di Versailles. Affinché ciò potesse avvenire era necessaria la firma del presidente del Consiglio francese Tardieu; ma costui prese tempo, sicuro ormai che il gabinetto Brüning avesse le ore contate[127].

---

[126] H. SCHULZE, *La Repubblica di Weimar*, op. cit., p.438.
[127] *Ibidem*, p.439.

2. DALL'"ERA BRÜNING" AL GABINETTO DEI BARONI

2.1 *Le negoziazioni per la rielezione di Hindenburg*

Se andiamo ad analizzare il periodo in cui fu in carica Brüning, notiamo che il cancelliere concentrò tutti i suoi sforzi in politica estera, cogliendo anche significativi successi. Ma, ritenendo di attenuare le tensioni presenti nel paese attraverso una serie di successi in campo internazionale, non fece i conti con le questioni interne, come l'economia, la finanza, le tensioni sociali e l'ordine pubblico. Brüning era convinto che «la soluzione dei grandi problemi economici e finanziari presupponeva il superamento dello Stato dei partiti [...] a beneficio di una nuova autorità statale d'ispirazione burocratico-oggettiva»[128]. Convinto ormai che l'esistenza dei partiti fosse destinata a esaurirsi in breve tempo, governò sempre scavalcando il parlamento, al quale non rimaneva che obbedire. La tecnica usata per legiferare era quella di convocare il meno possibile il Reichstag o, al massimo, di scavalcarlo attraverso ordinanze d'emergenza.

Ma al di là di tutto, il cancelliere aveva sottovalutato la tragica realtà del paese. La miseria imperversava a causa della disoccupazione, che aveva raggiunto la punta massima di sei milioni nel febbraio del 1932. La grande politica estera, impostata dal cancelliere, chiedeva al popolo di pagare un prezzo troppo alto per le sue possibilità, ricevendo in cambio una totale sfiducia nella democrazia e nella costituzione repubblicana. L'ira delle masse popolari si riversò sui "partiti del sistema" che appoggiavano Brüning[129]. Le tensioni erano poi alimentate dalle destre (nazionalsocialisti, tedesco-nazionali, Stahlhelm, parte della Dvp e del partito dell'economia) che l'11 ottobre 1931 si erano riunite a Bad Harzburg, per

---

[128] H. SCHULZE, *La Repubblica di Weimar*, op. cit., p.441.
[129] O. BAUER, *Tra le due guerre mondiali?*, op. cit., p.28.

sfidare apertamente il governo. Era nato così il "fronte di Harzburg", capeggiato ormai dal suo leader carismatico, Adolf Hitler[130].

Ma la caduta di Brüning fu dovuta soprattutto dall'inasprimento dei rapporti con Hindenburg e Schleicher. Il Presidente del Reich non aveva mai accettato l'idea che il cancelliere avesse continuato ad appoggiarsi ai socialdemocratici invece di rivolgersi alle destre e agli ambienti più conservatori del paese; in particolare a Brüning rimproverava di non aver favorito l'instaurazione di un governo conservatore in Prussia, cosa peraltro gradita dagli ambienti vicini allo stesso presidente (Reichswehr e Lega rurale)[131].

Un altro era il problema che si presentava all'orizzonte. Il mandato presidenziale scadeva nel marzo del 1932, ed era necessario preparare le elezioni. Brüning era perfettamente consapevole della situazione in cui versava il vecchio Feldmaresciallo. Nelle sue memorie ricorda quando si presentò la prima volta a Hindenburg nel 1929: «Hindenburg sembra terribilmente vecchio»[132]. Tutto sembrava far pensare che il cancelliere avesse realmente intenzione di impedire la rielezione di Hindenburg, ma il suo atteggiamento fu completamente diverso. Eyck nel suo volume[133] sostiene due ipotesi riguardo la volontà del cancelliere di appoggiare la rielezione di Hindenburg: la prima è che Brüning non trovava nessuna figura che avesse lo stesso carisma del vecchio Feldmaresciallo; la seconda, e questa è opinione anche di altri storici, è che la prosecuzione dell'incarico presidenziale di Hindenburg avesse come scopo finale una restaurazione monarchica, in una versione più moderna. Ma lo stesso Eyck smentisce che ci possa essere al riguardo un fondamento storico, mancando una documentazione adeguata che possa confermare un simile progetto. D'altronde dalla lettura delle memorie del cancelliere non si evince in maniera chiara la

---

[130] E. COLLOTTI, *La Germania nazista. Dalla Repubblica di Weimar al crollo del Reich Hitleriano*, Einaudi, Torino 1962, pp.59-60.

[131] H. SCHULZE, *La Repubblica di Weimar*, op. cit., p.449.

[132] H. BRÜNING, *Mémoires*, Editions Gallimard, 1974, p.108.

[133] E. EYCK, *Storia della Repubblica di Weimar*, op. cit., pp.683-684.

possibilità che una simile idea potesse aver preso corpo, nonostante la proposta di alcuni ambienti di destra favorevoli al ritorno dell'ex Kronprinz.

Comunque Brüning, consapevole del pericolo che comportava per il suo già debole governo una campagna elettorale, cercò di puntare tutte le sue carte su un prolungamento temporale della carica presidenziale per Hindenburg. Per far ciò era necessaria una legge modificatrice della Costituzione, la cui approvazione sarebbe stata possibile solo con la maggioranza di almeno due terzi del parlamento (art. 76). In un rapido conto delle forze su cui poteva contare, Brüning si vide costretto a venire a patti con i capi dell'opposizione «nazionale», Hitler e Hugenberg.

Il primo colloquio Brüning lo ebbe con Hitler la mattina del 7 gennaio 1932, alla presenza di Schleicher e Röhm. Inizialmente Hitler sembrò disponibile ad accettare la proposta del cancelliere ma pose come condizione che gli venisse riconosciuta formalmente da parte del governo la legalità dei suoi sforzi. Su questo punto si poteva trattare ma Brüning ebbe la sensazione che i nazionalsocialisti non volessero lasciarsi sfuggire l'occasione di coinvolgere il loro partito in una battaglia elettorale[134]. La stampa italiana celebrava l'incontro Brüning-Hitler come una svolta storica nella politica attuata fino allora dai governi weimariani; "Il Regime Fascista", assumendo una chiara posizione a favore della destra tedesca, rilevava come ormai il governo repubblicano nelle questioni nazionali non potesse più fare a meno del partito nazionalsocialista, la cui base elettorale era estesa e consolidata[135]. Comunque ogni decisione fu rimandata a dopo il colloquio con Hugenberg. L'incontro con il capo dei tedesco-nazionali, avvenuto il 9 gennaio, non ebbe esito positivo. Anche in questo caso, alla proposta del cancelliere di un possibile ingresso delle destre nel governo in cambio di un appoggio al suo progetto di prolungare la carica presidenziale, Hugenberg prese tempo, dichiarando di voler consultarsi con la

---

[134] H. BRÜNING, *Memoires*, op. cit., p.357.

[135] Nell'articolo, uscito il 9 gennaio, l'autore, Giuseppe Piazza, rilevava come fosse anche la prima volta che il capo dei nazionalsocialisti si trovava di fronte a un'importante scelta, che avrebbe deciso il destino del partito e la sua eventuale ascesa al potere.

direzione del partito. Nella lettera di risposta, mandata al cancelliere in un secondo momento, Hugenberg usò parole molto dure: «Ella signor cancelliere non avrebbe posto questa discussione se non fosse stato sicuro del consenso del Centro e della socialdemocrazia. Questi sono proprio i partiti che a suo tempo hanno combattuto, nel modo più accanito, l'elezione del presidente del Reich [...] Contemporaneamente Ella indebolisce questa stabilità ostinandosi a mantenere nel Reich e nella Prussia un governo dietro il quale non si trova nessuna maggioranza di popolo»[136]. Era evidente che il vero obiettivo dei tedesco-nazionali era l'allontanamento dei socialdemocratici. A questo punto Hitler non si fece sfuggire l'occasione e, di fronte alle preoccupazione di Brüning che una campagna elettorale avrebbe avuto risvolti negativi all'estero, sostenne la teoria che qualsiasi circostanza che avesse permesso l'abbattimento dell'attuale sistema avrebbe rappresentato un successo per la politica estera tedesca. Era chiaro che l'intento di Hitler era un altro; nel suo colloquio con il segretario di stato Meissner, dichiarò apertamente che sarebbe stato disposto ad appoggiare la candidatura di Hindenburg a patto che fosse eliminato Brüning, formato un governo di destra e sciolto il Reichstag[137]. Lo stesso Göring, in un colloquio con l'ambasciatore italiano a Berlino, sostenne che considerava il governo di Brüning al tramonto; era convinto che il suo ciclo sarebbe durato fino al 13 marzo, giorno delle elezioni presidenziali, e, nel caso si fosse ostinato a rimanere, non sarebbe durato oltre le elezioni del Landtag prussiano[138]. Comunque, nonostante i vari tentativi, falliva il progetto di Brüning di risolvere la questione attraverso il parlamento.

---

[136] La lettera, mandata al cancelliere il 12 gennaio, è stata pubblicata, nei passi più importanti, su "Il Regime Fascista" del 13/1/32.

[137] Tutti questi attacchi del «Fronte nazionale» indebolivano la figura di Brüning a soli dieci giorni dalla conferenza per il disarmo, in cui il cancelliere doveva rappresentare la Germania. Da E. EYCK, *Storia della Repubblica di Weimar*, op. cit., pp.685-686.

[138] Questo colloquio, avvenuto all'ambasciata italiana a Berlino, è descritto in un telegramma spedito da Orsini Baroni al ministro degli Esteri Grandi il 21 gennaio 1932. Da *I documenti diplomatici italiani*, serie VII, vol. IX, pp.300-303.

2.2 *La campagna per le elezioni presidenziali*

Una volta interrotte le trattative tra il governo e i partiti di destra, si doveva scegliere le candidature. Fu subito evidente che nel fronte di Harzburg le possibilità che si scegliesse un unico candidato erano minime. Lo stesso Hugenberg aveva fatto capire che non solo non si sarebbe esposto in prima persona, ma anche che non avrebbe favorito Hitler[139]. Dal canto suo il capo dei nazionalsocialisti, dapprima incerto se fosse conveniente rischiare un'eventuale sconfitta, dette l'annuncio ufficiale della sua candidatura il 25 febbraio[140]. I tedesco-nazionali e lo Stahlhelm presentarono come candidato Duesterberg, secondo capo dello Stahlhelm[141]. Hugenberg non poté fare altrimenti dal momento che, se avesse detto ai suoi di votare per Hitler, li avrebbe perduti definitivamente. Per altro verso si rendeva conto che il suo candidato non aveva nessuna possibilità di vittoria[142].

La candidatura di Hindenburg, invece, fu proposta da un comitato apartitico, costituito per l'occasione dal borgomastro di Berlino Sahm. Il Feldmaresciallo, pur addolorato dal voltafaccia delle destre, accettò l'invito proprio perché gli era stato offerto da comitati non legati ai partiti.

A questo punto il Centro e la Spd non avevano altra scelta che appoggiare la candidatura di Hindenburg, motivati dal fatto che egli era l'unico che potesse evitare l'elezione di Hitler. Giuseppe Renzetti in un suo articolo

---

[139] Cfr. E. EYCK, *Storia della Repubblica di Weimar*, op. cit., pp.686-687.

[140] C'era un ultimo ostacolo alla candidatura di Hitler: la cittadinanza tedesca. Il problema fu aggirato con un piccolo trucco. Kagges, il ministro degli Interni dello Stato di Brunswick, nominò Hitler addetto alla legazione di quello stato a Berlino. In questo modo la cittadinanza tedesca divenne automatica.

[141] La scelta dello Stahlhelm di non appoggiare Hindenburg, suo presidente onorario, rappresenta sicuramente un aspetto da non trascurare. Sarà proprio questo «tradimento» a convincere Hindenburg a chiedere aiuto al Centro e alla socialdemocrazia.

[142] Cfr. E. EYCK, *Storia della Repubblica di Weimar*, op. cit., p.688.

avvalorò questa tesi, lanciando precise accuse all'atteggiamento chiaramente ipocrita delle sinistre, le quali, per poter frenare la pressione nazionalsocialista, avevano abbandonato il terreno delle utopie e dei proclami pseudo pacifisti per abbracciare quello delle necessità e delle aspirazioni nazionali[143]. Erano accuse molto pesanti ma dimostravano come agli occhi dell'opinione politica italiana la socialdemocrazia apparisse debole e opportunista. Infine l'ultimo candidato era Thälmann, capo del partito comunista[144].

La discussione al Reichstag del 25 febbraio fu un esempio di come sarebbe stato il clima della campagna elettorale. Alle accuse indirizzate da Goebbels al presidente del Reich e ai socialdemocratici, Brüning rispose con un duro discorso teso a smantellare, con successo, le posizioni dei rappresentanti nazionalsocialisti e tedesco-nazionali. Il suo discorso, però, fu continuamente disturbato dai tumulti provocati dai nazionalsocialisti, tanto che il cancelliere nelle sue memorie arrivò a definire che «quella fu la seduta più drammatica che egli visse»[145]. La campagna elettorale continuò su questi toni e si trasformò virtualmente in un referendum sulla Repubblica di Weimar. La propaganda dei nazisti presentò questa elezione come un'opportunità per mettere fine al sistema politico esistente dal 1919[146].

Un aspetto curioso della campagna elettorale fu, in termini economici, la forte differenza fra i contendenti dell'uso degli strumenti di propaganda. I nazisti

---

[143] Articolo apparso su "Gerarchia" del giugno 1932.

[144] Renzetti svolse un'importante azione di collegamento tra Mussolini e le destre tedesche. Grande esperto di cose tedesche e avendo vissuto molti anni in Germania, dove peraltro conobbe Mussolini nel 1922, ricoprì numerosi incarichi ufficiali e segreti per conto del capo del partito fascista, allo scopo di tenere contatti con dirigenti nazionalsocialisti e di altre formazioni di destra come lo Stahlhelm e i tedesco-nazionali. Scrisse molti articoli pubblicati su Gerarchia, che mostravano molto bene quella che era la posizione assunta dal Pnf nei confronti della situazione politica tedesca. Estratto da R. DE FELICE, *Rapporti tra Fascismo e Nazionalsocialismo fino all'andata al potere di Hitler (1922-33) appunti e documenti*, Napoli 1971, pp. 142-151.

[145] H. BRÜNING, *Memoires*, op. cit., p.371.

[146] Cfr. G. PRIDHAM, *Hitler's rise to power. The Nazi movement in Bavaria 1923-1933*, Hart-Davis, 1973, p.265.

si superarono in intensità nella loro campagna, perché avevano capito che la polarizzazione di questa elezione aveva dato loro un ruolo importante[147]. Ciò gli fu possibile soprattutto grazie al notevole afflusso di denaro proveniente dagli ambienti della grande industria. Gli industriali vedevano in Hitler colui che avrebbe combattuto con il suo partito non solo i comunisti, ma anche i sindacati, ritenuti i peggiori nemici[148]. Al contrario la campagna a favore di Hindenburg fu poco attiva, nonostante la partecipazione diretta di Brüning, e soprattutto caratterizzata dalla mancanza di una reale unità tra i vari partiti che appoggiavano la sua rielezione[149].

Nonostante la disparità delle forze in campo le elezioni del 13 marzo furono una vittoria per Hindenburg. Egli ottenne 16,8 milioni di voti contro gli 11,4 di Hitler, mentre Thälmann e Duesterberg riportarono, rispettivamente, 5 e 2,5 milioni di voti. Tuttavia per poche migliaia di voti fu necessaria una seconda tornata elettorale, in cui la rielezione di Hindenburg fu confermata da 19,3 milioni di voti contro i 13,4 del capo dei nazionalsocialisti.

2.3 *I riflessi del risultato elettorale e le votazioni regionali in Prussia*

Pur essendo stato rieletto Hindenburg, le elezioni presidenziali rappresentarono una vera e propria vittoria per i nazionalsocialisti. I voti nazisti della prima tornata elettorale erano aumentati dell'86% rispetto alle votazioni al Reichstag del settembre 1930, e addirittura aumentarono di due milioni nella votazione del 10 aprile. Lo stesso Hitler non poteva più nascondersi. I risultati raggiunti dal suo partito erano impressionanti; tuttavia la conquista del potere gli

---

[147] *Ibidem*, p.266.
[148] Cfr. E. EYCK, *Storia della Repubblica di Weimar*, op.cit., p.691.
[149] Cfr. G. PRIDHAM, *Hitler's rise to power*, op. cit., p.266.

era sfuggita di nuovo[150]. In un suo scritto Curzio Malaparte, con una vena fortemente polemica, denigrava la tattica di Hitler di conquista dello Stato attraverso una soluzione parlamentare, poiché spegneva a poco a poco l'anima rivoluzionaria del suo movimento. Malaparte parlava di crisi del nazionalsocialismo come crisi di socialdemocratizzazione del partito[151]. Nonostante un giudizio così forte la maggior parte della stampa italiana accompagnò con toni trionfalistici l'ascesa del partito hitleriano. "Il Popolo d'Italia" parlava di una vera e propria «vittoria morale» del movimento nazionalsocialista contro ogni tipo di speculazione e di manovra delle forze di governo[152]. Il giudizio di "Critica fascista" era che Hitler aveva compiuto una «formidabile tappa nel cammino per il potere»[153].

Considerata da un altro punto di vista la questione appare diversa. La vittoria di Hindenburg manteneva ancora in vita la repubblica. È vero che le sinistre e il centro moderato avevano appoggiato il vecchio presidente per fermare Hitler; ma la loro coalizione, seppure molto fragile, aveva dimostrato che esisteva la possibilità di un'alternativa parlamentare, mai utilizzata dal cancelliere[154]. Nelle sue memorie Franz von Papen scrisse: «L'incapacità di Brüning a prevedere che quelle elezioni avrebbero diviso la nazione, e complicato ancora più la situazione interna, e la sua esitazione nell'adottare quegli accorgimenti che avrebbero reso le elezioni stesse non necessarie, erano stati da parte sua due seri errori»[155]. Lo stesso Brüning, in un colloquio avuto a Weimar con l'ambasciatore italiano a Berlino Orsini Baroni, ammetteva di essere profondamente deluso dal risultato elettorale, ma sperava che l'elezione di

---

[150] Cfr. W. SHIRER, *Storia del Terzo Reich*, op. cit., pp.247-248.

[151] Cfr. C. MALAPARTE, *Tecnica del colpo di stato*, Firenze, 1973, pp.168-170.

[152] Articolo di Filippo Bojano su "Il Popolo d'Italia" del 12 aprile 1932.

[153] Articolo di Mario da Silva su "Critica fascista" dell'aprile 1932.

[154] Cfr. K.D. BRACHER, *La dittatura tedesca*, op. cit., p.234.

[155] F. VON PAPEN, *Memorie*, Cappelli, Bologna 1952, p.175.

Hindenburg e l'evolversi della situazione politico-parlamentare in Prussia avrebbero rafforzato la posizione del Reich[156].

Molto interessante è anche la discussione intorno al tipo di elettorato che aveva permesso la vittoria a Hindenburg. Confrontando le elezioni presidenziali del 1925 con quelle della primavera del 1932, si nota che la situazione si era completamente capovolta; mentre nelle precedenti elezioni il vincitore di Tanneberg era stato nominato presidente grazie alle destre, in quelle per la sua rielezione erano state le sinistre a decretare la sua vittoria. Questo dimostra come il panorama politico era profondamente mutato rispetto agli anni Venti.

Anche per quanto riguarda l'elettorato ci furono delle differenze, sia dal punto di vista sociale che da quello geografico. Pur essendo protestante, Hindenburg ottenne una grande vittoria nelle aree cattoliche del paese. Per esempio in Baviera l'apporto del partito popolare bavarese (Bvp) era stato decisivo[157]. Invece l'elettorato nazionalsocialista era particolarmente concentrato nelle aree del bacino del Danubio e in varie sacche dove saliva la protesta per la riduzione dei salari, garantita da un decreto presidenziale.

Al di là di tutto, l'aspetto più importante era sicuramente un altro. Come scrisse Renzetti su "Gerarchia": «il popolo tedesco si è pronunziato per Hindenburg piuttosto che per Hitler solo perché quegli più di questo gli garantiva una certa tranquillità, l'unità nazionale»[158]. Questo dimostrava come la maggior parte dei tedeschi era decisamente contraria alla possibilità di un potere nazionalsocialista nel paese. Quella che però fu una certezza si dimostrò ben

---

[156] Il colloquio è descritto da Orsini Baroni in una corrispondenza con Grandi, il 22 marzo 1932. Da *I documenti diplomatici italiani*, serie VII, vol. XI, pp.510-511.

[157] A differenza delle elezioni del 1925 Hindenburg non era più visto come un rappresentante delle forze prussiane conservative, ma l'elettorato identificava in lui il simbolo dello *status quo*. Inoltre il fatto che Brüning, leader del partito cattolico del Centro, appoggiasse la sua candidatura fece sì che il Feldmaresciallo fosse visto più come un uomo religioso che come un protestante. Da G. PRIDHAM, *Hitler's rise to power*, op. cit., pp.267-269.

[158] "Gerarchia" del giugno 1932.

presto un'illusione per i partiti che avevano sostenuto la repubblica negli anni precedenti.

Infatti, il 24 aprile si tennero le elezioni al Landtag prussiano. Queste rappresentarono per i nazionalsocialisti una conferma della notevole avanzata che avevano fatto registrare nelle precedenti elezioni presidenziali. Essi passarono da 9 a 162 deputati, soprattutto a spese dei tedesco-nazionali che scesero da 71 a 31. Anche i socialdemocratici registrarono una forte caduta, passando da 137 a 94 deputati, perdendo così il primato di massimo gruppo parlamentare. Il Centro uscì quasi indenne, perdendo solo 4 dei 71 seggi che possedeva. Gli unici che fecero un salto in avanti, insieme ai nazionalsocialisti, furono i comunisti, che passarono da 48 a 57 seggi.

Per quanto avessero solo un carattere regionale, queste elezioni ebbero una forte ripercussione politica, sia in Germania sia fuori. Il fatto che la socialdemocrazia, che aveva nella Prussia la sua roccaforte, avesse perso la maggioranza e di conseguenza il seggio di presidente del Landtag, faceva intravedere per le destre la possibilità che la strada per la conquista del potere era breve[159]. Anche la stampa italiana esultò per il crollo della socialdemocrazia. In un articolo de "Il Popolo d'Italia", ormai chiaramente schierato a favore dei nazionalsocialisti, Bojano parlava di «coalizione di Weimar completamente liquidata»[160]. Se l'atteggiamento dell'opinione politica italiana era rimasto in

---

[159] Dal punto di vista numerico, in base ai risultati elettorali, il nuovo governo prussiano non poteva fare affidamento su una sicura maggioranza. La situazione di forte instabilità si mantenne almeno fino a quando von Papen, in luglio, decise di operare in Prussia un vero e proprio "colpo di stato".

[160] Da "Il Popolo d'Italia" del 26 aprile 1932. Tuttavia è interessante notare come lo stesso giornale, in un articolo apparso due giorni prima, muoveva una leggera critica all'atteggiamento del partito nazista in quanto, essendo l'ultima possibilità elettorale, non si capiva come il movimento hitleriano potesse lanciare altre sfide sempre con la pregiudiziale della legalità. Le vicende successive dimostrarono però che Hitler ebbe altre "occasioni elettorali" per rafforzare la sua posizione.

buona parte celato negli anni precedenti, ora non c'era più alcun dubbio sulla posizione che aveva assunto nei confronti del governo Brüning[161].

La questione prussiana, tuttavia, portava alla luce certi attriti tra il governo del Reich e la Reichswehr. In effetti, per Schleicher e per il comando della Reichswehr il governo prussiano di Braun era uno scandalo, perché aveva sempre guardato con diffidenza i progetti segreti di riarmo e di guardia ai confini orientali[162]. Di contro il ministero degli Interni prussiano era contrariato dal fatto che la mobilitazione nelle province orientali si appoggiasse solo sullo Stahlhelm, mentre la Reichsbanner, organizzazione repubblicana e di sinistra, ne era lasciata fuori. Al riguardo Schleicher premeva affinché fosse instaurato in Prussia un governo conservatore e filoagrario, in buoni rapporti con l'esercito; ma aveva sempre trovato le resistenze di Brüning, il quale sapeva bene che per ottenere l'appoggio della Spd al governo doveva dimostrarsi tollerante verso la coalizione nero-rosso-oro prussiana[163]. Strettamente connesso a questo, vi era la preoccupazione per il governo prussiano del crescente pericolo nazionalsocialista; per questo motivo Braun ordinò, il 17 marzo, la perquisizione di tutte le sedi nazionalsocialiste, trovando molto materiale inerente all'organizzazione di un *Putsch*. Poiché il Reich esitò a prendere provvedimenti, il governo prussiano fece forti pressioni affinché Brüning mettesse fuori legge le SA. Solo il 13 aprile, subito dopo i risultati delle elezioni presidenziali, fu promulgata un'ordinanza del presidente della Repubblica con la quale erano proibite, in tutto il Reich, le associazioni paramilitari nazionalsocialiste.

---

[161] Cfr. J. PETERSEN, *Hitler e Mussolini. La difficile alleanza*, Laterza 1975, p.49.

[162] Cfr. H. SCHULZE, *La Repubblica di Weimar*, op. cit., p.452.

[163] *Ibidem*, p.452.

2.4 *L'interdizione delle SA e delle SS*

L'esistenza in Germania di organizzazioni paramilitari, generalmente legate ai partiti, rappresentava un fenomeno unico nel suo genere in Europa. In un articolo apparso a Bruxelles nell'ottobre 1932, Sturzo scrisse al riguardo: «Strumenti di partito, e indirettamente dello stato, a scopo di politica internazionale e interna, a carattere patriottico, tali organizzazioni militarizzate potevano sembrare il più puro prodotto tedesco, in barba al trattato di Versailles, e per il futuro prossimo e lontano di una Germania libera dalle catene»[164].

Questo poteva essere spiegato attraverso il fatto che le disposizioni del trattato di Versailles in materia militare lasciavano un grosso vuoto, poiché si limitava il contingente tedesco a poche migliaia di unità. Di conseguenza organizzazioni come lo Stahlhelm e la Reichsbanner erano nate con lo scopo di difendere militarmente il paese e la costituzione. Nel caso delle SA e delle SS, i loro sistemi andavano ben oltre il normale compito di protezione, arrivando a disturbare sistematicamente chiunque fosse avversario politico, con lo scopo di appoggiare l'ascesa al potere del partito nazionalsocialista[165]. Soprattutto durante la campagna elettorale per la presidenza del Reich gli eccessi delle organizzazioni nazionalsocialiste avevano creato un regime di terrore in tutto il paese. Per questo motivo i ministri degli Interni dei vari Länder avevano chiesto con insistenza al governo del Reich un provvedimento che mettesse al bando queste organizzazioni. Il 5 aprile Groener convocò i ministri dei Länder proprio per discutere circa i provvedimenti da prendere per mantenere l'ordine pubblico dopo la rielezione di Hindenburg. L'8 aprile lo stesso Groener presentò il suo progetto a Schleicher e ai comandanti della marina e dell'esercito, trovando da parte loro un pieno consenso[166]. Ma la mattina dopo l'atteggiamento di

---

[164] Raccolta da L. STURZO, *Miscellanea londinese*, Zanichelli, Bologna 1967, p. 132.

[165] Cfr. E. EYCK, *Storia della Repubblica di Weimar*, op. cit., p.694.

[166] *Ibidem*, p.696.

Schleicher era cambiato. Egli propose a Groener d'imporre per iscritto a Hitler una serie di oneri, e se solo egli non li avesse accettati, si sarebbe scelta la soluzione dello scioglimento. Era una proposta che non soddisfaceva Groener, ma la decisione fu rimandata a dopo il ritorno di Brüning.

In effetti, durante le trattative avviate da Groener, Brüning era assente da Berlino per il suo viaggio elettorale. Solo il 10 aprile fece ritorno nella capitale, e il pomeriggio stesso fu organizzata una riunione in cui furono presenti tutte le autorità del Reich interessate alla questione (il ministro della Giustizia Joël, Groener, Meissner, il capo della Cancelleria del Reich Pünder e Schleicher). Nessuno dei presenti si mostrò disposto ad accettare la proposta di Schleicher. Nelle sue memorie Brüning descrisse chiaramente l'atteggiamento tenuto da Schleicher: «Mentre che Schleicher parlava, io notai che egli considerava Groener con disprezzo e spiava le mie reazioni. Io compresi all'istante che egli aveva messo Groener avanti per lasciarlo cadere dopo[...] Schleicher era ricorso al vecchio metodo che consisteva nel portare le persone di cui desiderava sbarazzarsi a prendere delle misure draconiane, e in seguito abbandonarle alla loro sorte»[167]. Comunque, nonostante la sua sottile strategia, Schleicher rimase solo e lo stesso cancelliere uscì allo scoperto dichiarandosi favorevole alla proposta di Groener. L'11 aprile il presidente sembrò disposto a firmare il decreto ma dopo un colloquio con il figlio Oskar, a sua volta influenzato da Schleicher, ebbe dei ripensamenti. Fu necessario un secondo colloquio con Brüning e Groener per convincere Hindenburg, ma ciò fu possibile solo perché il ministro della Reichswehr si assunse l'intera responsabilità di fronte al Reichstag e al paese. In questo modo Groener diventava il capro espiatorio di Hindenburg e la sua fiducia nel maresciallo ormai era del tutto compromessa[168]. Il 13 aprile, con grande gioia da parte di tutte le forze repubblicane, usciva il decreto presidenziale.

---

[167] H. BRÜNING, *Memoires*, op. cit., p.377.
[168] Cfr. J.W. WHEELER-BENNETT, *La nemesi del potere*, Feltrinelli, Milano 1967, p.221.

2.5 *L'"Era Brüning" volge alla fine*

La promulgazione del decreto presidenziale di scioglimento delle SA e delle SS fu accolta molto bene all'estero, soprattutto in Francia. In Italia, invece, queste vicende furono valutate sotto un'altra luce. In un articolo sul "Corriere della Sera" fu scritto: «L'effetto pratico di decisioni draconiane (lo scioglimento delle SA e delle SS) è nullo[...] perché Hitler vuole fare la sua rivoluzione soltanto a colpi di schede; e la violenza subita gli procurerà, come sempre, altri elettori»[169]. La stampa italiana era ormai chiaramente a favore di un movimento «che tende a rinnovare spiritualmente questo grande popolo», e lo avvicini a posizioni ideologicamente affini al fascismo italiano[170]. Le critiche piovevano anche da personaggi antifascisti come Luigi Sturzo che riteneva il provvedimento adottato da Brüning "tardivo", poiché quando un governo si appoggia a delle milizie private ne deve subire poi la strategia basata sull'eliminazione del sistema parlamentare e sulla soppressione del regime di diritto[171].

Comunque già il 15 aprile le cose furono completamente stravolte. In quel giorno su tutti i giornali fu pubblicata una lettera di Hindenburg indirizzata a Groener, in cui sosteneva di aver saputo dell'esistenza di altre organizzazioni paramilitari e ne chiedeva la proibizione, com'era accaduto per quelle nazionalsocialiste. L'atteggiamento di Hindenburg era sicuramente discutibile per due motivi. Il primo da un punto di vista formale, poiché aveva diffuso pubblicamente un ripensamento su un decreto da lui emanato senza consultare prima il cancelliere e il ministro competente[172]. Il secondo errore fu di sostenere che aveva saputo solo da poco dell'esistenza di altre organizzazioni di partito,

---

[169] Articolo di Aldo Valori da "Il Corriere della Sera", 17 aprile 1932.

[170] "Il Corriere della Sera", 26 aprile 1932.

[171] Cfr. L. STURZO, *Miscellanea londinese*, op. cit., p.133.

[172] Al di là dell'aspetto formale, l'art.50 della costituzione obbligava qualsiasi diposizione presidenziale a essere controfirmata dal cancelliere o dal ministro competente. Da E. EYCK, *Storia della Repubblica di Weimar*, op.cit., p.700.

quando tutti sapevano che era membro onorario dello Stahlhelm. Come se non bastasse, in quei giorni, erano uscite fuori dal ministero della Reichswehr delle prove contro la Reichsbanner; questo materiale, tuttavia, non proveniva da Groener ma, come sostiene Eyck, «presumibilmente dal generale von Schleicher o il generale von Hammerstein»[173]. Groener reagì ritenendo che le prove per agire contro la Reichsbanner erano insufficienti e che quindi il divieto rimaneva. Ormai i rapporti con il presidente erano definitivamente compromessi.

In tutto questo Brüning si trovava a Ginevra per una conferenza internazionale e, com'è descritto nelle sue memorie, egli aveva intuito, attraverso delle conversazioni telefoniche con Pünder e Treviranus, «il nervosismo che la lettera del presidente aveva suscitato in tutte le parti dell'orizzonte politico»[174].

Ma il vero burattinaio si dimostrò Schleicher, il quale operò dietro le quinte per screditare la figura di Groener agli occhi dell'opinione pubblica. Manovrando l'ottuso comandante della Reichswehr, il generale Hammerstein, organizzò una campagna denigratoria per isolare Groener all'interno del suo stesso ministero[175]. Le manovre di Schleicher erano motivate dal fatto che il divieto dei gruppi paramilitari poneva un blocco alle sue strategie: integrare le SA nell'esercito a titolo di milizie e favorire un governo conservatore basato sui nazionalsocialisti.

Il 10 maggio al Reichstag, al progetto oscuro di far cadere il governo, fu aggiunto il primo tassello. Nel suo tentativo di difendere il decreto, Groener fu sommerso dalle violente accuse piovutegli addosso da Göring e dalla platea nazionalsocialista in subbuglio. La seduta si dimostrò un disastro per Groener, tanto che lo stesso Brüning ebbe a dire nelle sue memorie che «dopo questo discorso, egli era politicamente un uomo morto»[176]. Dopo la seduta, il cancelliere si trovò nel suo ufficio in compagnia di Groener. Brüning racconta che Groener gli riferì di un colloquio avuto poco prima con Schleicher, che gli aveva riferito, a

---

[173] *Ibidem*, p.701.

[174] H. BRÜNING, *Memoires*, op. cit., p.381.

[175] Cfr. W. SHIRER, *Storia del Terzo Reich*, op. cit., p.250.

[176] H. BRÜNING, *Memoires*, op. cit., p.413.

sua volta, che i capi della Reichswehr non tolleravano più la sua presenza alla testa del ministero[177].

Ormai stanco e malato, e dopo aver fatto un ultimo e inutile tentativo con Hindenburg, Groener si dimise dal ministero della Reichswehr – rimase per volere di Brüning al ministero degli Interni –, profondamente deluso dal tradimento operato alle sue spalle. Il cancelliere fece un ultimo tentativo offrendo il ministero allo stesso Schleicher, allo scopo di screditarlo. Anche questo fu inutile. Ormai Schleicher aveva gettato la maschera; come scrisse Wheeler-Bennett per lui «il giorno della nemesi era già segnato»[178]. Nella primavera del 1932 la sua influenza, soprattutto su Hindenburg, era arrivata al culmine. Una volta indebolito Brüning, i suoi due obiettivi erano vicini: eliminare i socialdemocratici e preparare un governo vicino al presidente e alla Reichswehr, appoggiato dalle destre e dai nazionalsocialisti[179]. Questi intrighi apparivano «come il tentativo di fare della Reichswehr non solo uno Stato dentro lo Stato, ma addirittura uno strumento di supremazia sullo Stato»[180].

Ormai il governo Brüning vacillava. Il corrispondente a Berlino de "Il Popolo d'Italia", Filippo Boxano, scriveva: «Non può sfuggire a un osservatore obiettivo come la posizione del Gabinetto sia divenuta precaria... Esso non è più che il governo di un piccolo gruppo di personalità e di un partito, il partito del Centro»[181].

L'ultimo tassello che completò l'opera di smantellamento del governo repubblicano fu la questione dell'Osthilfe. L'Osthilfe era una grossa organizzazione nata per incoraggiare e trovare sussidi per l'agricoltura delle province orientali, in difficoltà anche per questioni geografiche oltre che naturali – le regioni orientali erano separate dal resto del paese dal corridoio di Danzica. Il compito principale dell'Osthilfe, nata all'indomani della nomina di Brüning a

---

[177] *Ibidem*, p.415.

[178] J.W. WHEELER-BENNETT, *La nemesi del potere*, op. cit., p.224.

[179] *Ibidem*, p.225.

[180] E. EYCK, *Storia della Repubblica di Weimar*, op. cit., p.703.

[181] Da "Il Popolo d'Italia", 15 maggio 1932.

cancelliere, era quello di estinguere e convertire i debiti delle tenute in difficoltà in debiti a lungo termine, attraverso interventi del credito statale a interessi più favorevoli[182]. Tuttavia, il Commissario del Reich nominato dal cancelliere, Schlange-Schöningen, propose anche la formazione di una corrente migratoria tedesca verso lo spopolato Oriente, in modo da risolvere in parte anche la questione della disoccupazione. Si trattava, in concreto, di rilevare una serie di proprietà fallimentari di alcuni Junker prussiani per darle a contadini senza terra. Di fronte, però, a questa "colonizzazione interna" i grandi proprietari terrieri non vedevano di buon occhio la possibilità che intere famiglie, che vivevano da decenni nei loro possedimenti, fossero cacciate per far posto a persone che non avevano alcun legame con la terra, appartenendo al ceto proletario delle grandi città[183].

In ogni caso, il vero protagonista, in questa vicenda, fu Hindenburg. Infatti, il presidente del Reich si trovava in vacanza a Neudeck alla metà di maggio, e, poiché anch'egli possedeva estese proprietà terriere nella Prussia orientale, si trovò coinvolto in prima persona nella bagarre causata dal progetto dell'Osthilfe. Egli fu sottoposto a notevoli pressioni affinché spingesse alle dimissioni un cancelliere che gli Junker del luogo non mancarono di chiamare «un bolscevico in agricoltura»[184]. Era evidente che anche la potente *lobby* dei proprietari terrieri si faceva portatrice, presso il presidente, di un progetto d'instaurazione di un governo conservatore e più attento alle questioni agrarie.

Con la visita di Schleicher a Neudeck, il cerchio intorno a Brüning veniva definitivamente chiuso. Ormai il vecchio Maresciallo non nutriva più fiducia nel cancelliere. Ritornato a Berlino, preparò la sua caduta, convocandolo a rapporto il 29 maggio. Che questo incontro fosse della massima importanza si era capito chiaramente. La stampa italiana lo presentava in questo modo:

---

[182] Cfr. H. SCHULZE, *La Repubblica di Weimar*, op. cit., p.455.

[183] In pratica i grandi proprietari si rifiutavano di convivere al fianco di piccoli contadini, magari di tendenze socialdemocratiche o sostenitori del Centro cattolico. Da E. EYCK, *Storia della Repubblica di Weimar*, op. cit., pp.710-711.

[184] Cfr. W. SHIRER, *Storia del Terzo Reich*, op. cit., p.253.

«Nessuno pone in dubbio che il colloquio fissato fra Hindenburg e Brüning sarà decisivo per l'esistenza dell'attuale Gabinetto»[185]. In effetti, le varie ipotesi formulate nei giorni precedenti si trasformarono in certezze. Giunto dal vecchio presidente Brüning notò nell'anticamera un mantello di generale, supponendo che appartenesse a Schleicher. Nelle sue memorie racconta: «Osservando l'espressione del presidente, compresi subito che tutto era definitivamente terminato»[186]. Dopo averlo fatto parlare brevemente dei futuri decreti che il governo aveva preparato, Hindenburg lo interruppe, dichiarando che non avrebbe più sottoscritto decreti presidenziali e che non avrebbe approvato nemmeno cambiamenti di persone. Alla domanda del cancelliere se era suo desiderio che il gabinetto desse le dimissioni, Hindenburg rispose: «Io vi chiedo di fare il necessario al più presto possibile»[187].

Brüning, in una repentina riunione di governo, informò tutti i ministri del trattamento subito da Hindenburg e, già la mattina dopo, si recò dal presidente per presentare le dimissioni del gabinetto. Poco prima di essere ricevuto ebbe una comunicazione dall'ambasciatore americano Sackett che il nuovo presidente del Consiglio francese era favorevole alle sue proposte sul tema del disarmo e delle riparazioni avanzate in precedenza a Ginevra[188]. Ormai era troppo tardi. La cosiddetta "era Brüning" era giunta alla fine.

---

[185] "Il Popolo d'Italia", 26 maggio 1932.

[186] H. BRÜNING, *Memoires*, op. cit., p.420.

[187] *Ibidem*, p.421.

[188] Cfr. E. EYCK, *Storia della Repubblica di Weimar*, op. cit., pp.716-717.

2.6 *Il panorama politico nella primavera del 1932. Le premesse che portarono al "gabinetto dei baroni"*

Con la caduta di Brüning era ormai evidente che il "sistema presidenziale" si era rivelato un fallimento[189]. La stessa Repubblica, svuotata ormai dei suoi contenuti democratici, si trovava in una situazione di agonia che durerà altri otto mesi, per essere poi abbattuta definitivamente. È difficile sapere di chi fosse la responsabilità di una tale situazione. Molti furono i partiti e gli uomini che manovrarono, chi direttamente chi indirettamente, contro il sistema democratico. Lo stesso Brüning, pur essendo un democratico convinto, si lasciò portare su una strada difficilmente percorribile, che si dimostrò per lui fatale. I suoi errori nel gestire la politica interna non sono da sottovalutare; egli aveva voluto governare attraverso decreti presidenziali, secondo una tecnica prussiana di stampo bismarkiano, ma in questo modo aveva distrutto ogni possibilità di un governo parlamentare. Ormai in Germania il potere politico non era più del popolo, rappresentato nel Reichstag, ma si era concentrato nelle mani di un presidente, ottantacinquenne, e di pochi uomini ambiziosi che lo circondavano[190]. Brüning non era fra questi. Se all'inizio del cancellierato il suo metodo semi-dittatoriale aveva dato l'impressione di abbracciare una corrente di tipo reazionaria, le vicende, in realtà, lo costrinsero a seguire una tattica opposta. Fu questa una delle maggiori critiche che dovette subire dagli osservatori contemporanei. In un articolo apparso su "Il Popolo d'Italia", riguardo alle cause che portarono alla fine il suo Gabinetto, si legge: «Si credette che Brüning, la mente migliore del partito cattolico[...] avrebbe inaugurato una nuova politica avvalendosi della cooperazione della destra moderata e scostandosi da un sistema politico socialdemocratico che minacciava di gettare la Germania in un abisso morale, sociale ed economico. Ma Brüning, al contrario, sempre più si

---

[189] *Ibidem*, p.718.
[190] Cfr. W. SHIRER, *Storia del Terzo Reich*, op. cit., pp.254-255.

volse a sinistra»[191]. La convinzione che, appoggiandosi alle sinistre e al Centro, sarebbe riuscito ad arginare l'avanzata nazionalsocialista, si rivelò una tattica errata, poiché spinse sempre più le masse, soprattutto quelle giovanili, verso una radicalizzazione nazionalista, che s'identificava con il partito hitleriano.

L'aspetto più sconcertante era rappresentato dal fatto che gli eventi precipitarono in un intervallo assai breve. Il modo in cui si svolsero le elezioni presidenziali nella primavera del 1932 determinò una prima frattura fra Hindenburg e il cancelliere Brüning; nonostante gli sforzi fatti per la campagna elettorale, Hindenburg non perdonò mai a Brüning di non essere riuscito a portare dalla sua parte il voto dei tedesco-nazionali e dello Stahlhelm, e di essersi dovuto "accontentare" dell'appoggio del Zentrum e dei socialdemocratici, verso i quali il vecchio presidente non nutriva alcuna simpatia[192]. Certo la vittoria fu importante; ma fu una «vittoria di Pirro» della democrazia, perché il presidente inclinava sempre più verso una soluzione extraparlamentare[193]. Tuttavia, la cieca fiducia di Brüning verso Hindenburg non gli aveva fatto capire che l'atteggiamento del vecchio presidente era modificato nei suoi confronti. In una realtà complessa qual era quella della Repubblica di Weimar, Hindenburg mescolava i suoi sentimenti personali, e facilmente influenzabili dalle persone che lo circondavano, con i fattori politici di primaria importanza[194]. Questo era troppo per una repubblica praticamente allo sbando. Gran parte della storiografia mondiale ancora oggi sostiene che le maggiori colpe della caduta di Brüning fossero da attribuire al Presidente Hindenburg. Eych, al riguardo, dà un giudizio pesante, sostenendo che il *Dolchstoss* di Hindenburg «ha ucciso non solo la Repubblica tedesca, ma anche la pace dell'Europa»[195]. Bracher rileva come la caduta del governo nel maggio del 1932 «avvenne senza alcuna partecipazione

---

[191] "Il Popolo d'Italia", 31 maggio 1932.

[192] Cfr. M. BROSZAT, *Da Weimar a Hitler*, op. cit., p.163.

[193] Cfr. E. COLLOTTI, *La Germania nazista*, op. cit., p.60.

[194] *Ibidem*, p.163.

[195] E. EYCK, *Storia della Repubblica di Weimar*, op. cit., p.720.

del parlamento o dei partiti, bensì per volontà del presidente del Reich»[196]. Quest'ultimo aspetto non era sfuggito agli osservatori italiani. Renzetti su "Gerarchia" parlava di un fatto "nuovo" perché «è la prima volta nella Germania democratica e repubblicana che un cancelliere sia defenestrato senza un voto di sfiducia del Reichstag»[197]. Ma nello stesso articolo giustificava la "novità", non citando assolutamente che il fatto rappresentava un fenomeno senza precedenti in un sistema parlamentare, ma che non era stato previsto, anche se si poteva intuire. Tuttavia l'azione di Hindenburg appariva assai più grave se si pensa che la defenestrazione di Brüning avvenne pochi giorni prima della conferenza di Losanna, dove si sarebbe sancita la fine dell'annoso problema delle riparazioni e del debito di guerra.

Altri due furono i passaggi che portarono all'indebolimento e infine alla caduta di Brüning: l'interdizione delle SA e delle SS e le elezioni in Prussia. Nel primo caso, il provvedimento preso da Groener aveva fatto esultare i ministri degli Interni dei più importanti Länder tedeschi, ma aveva anche scatenato una lotta politica che vide in primo piano le manovre oscure di Schleicher e della Reichswehr e la violenta opposizione delle destre nazionaliste. Lo scopo di Schleicher di allontanare Brüning, per sostituirlo con un cancelliere più "docile", si rivelò per il generale un'arma a doppio taglio. Infatti Schleicher lavorava per conto dei nazisti, convinto di poterli controllare, ma al tempo stesso si scavava la fossa sotto i piedi[198]. Che gli intrighi di Schleicher fossero palesi si era capito già prima della caduta del cancelliere. Su "Il Popolo d'Italia" del maggio 1932 si legge: «A Schleicher si attribuisce non solo l'azione che ha condotto alle dimissioni di Groener, ma anche il proposito di provocare la caduta di Brüning»[199]. Certo, la stampa italiana si limitava a riportare le polemiche scatenate dalla socialdemocrazia tedesca, ma la previsione di un'imminente fine dell'era Brüning, che s'intravedeva tra le righe, si rivelò esatta. Addirittura si

---

[196] K.D. BRACHER, *La dittatura tedesca*, op. cit., p.234.
[197] "Gerarchia", giugno 1932.
[198] Cfr. J.W. WHEELER-BENNETT, *La nemesi del potere*, op. cit., p.218.
[199] "Il Popolo d'Italia", 14 maggio 1932.

formulavano delle ipotesi. Bojano il 15 maggio parlò di «probabile formazione di un gabinetto ministeriale con il generale Schleicher cancelliere»[200]. Furono i risultati delle elezioni in Prussia che sconvolsero definitivamente il panorama politico tedesco. La schiacciante vittoria nazionalsocialista, e, soprattutto, la pesante sconfitta socialdemocratica giustificavano le forti pressioni esercitate da diversi ambienti affinché s'instaurasse un esecutivo conservatore e reazionario al governo del Reich. Il fatto che la socialdemocrazia, uno dei bastioni del sistema democratico di Weimar, avesse perso la leadership nella sua roccaforte prussiana rappresentava una svolta nella politica interna della Germania. Il difficile gioco delle maggioranze che si era creato con il risultato elettorale aveva condizionato le scelte anche a livello del governo centrale. Sulla stampa italiana appariva questo giudizio: «D'ora in poi difficilmente (Brüning) potrà immaginarsi una politica interna del Reich indipendente dagli avvenimenti che succederanno in Prussia[...]»[201]. In pratica questo giudizio era giusto, ma era il risultato di una strategia socialdemocratica "passiva" e basata sullo scegliere "il male minore". E questa passività, unita al comportamento pseudo-radicale, ma in fin dei conti anch'esso passivo, della Kpd, fece sì che le masse di disoccupati e dei ceti piccolo borghesi si spostassero verso il partito nazionalsocialista, visto come unica alternativa ai governi presidenziali[202]. Certo alla Spd si riconosceva il merito di aver visto che «il nazionalsocialismo non era un fenomeno sporadico di desperados ma un movimento vitale[...]»[203]. La scelta, però, di una politica di tolleranza nei confronti dei decreti presidenziali di Brüning allontanò la socialdemocrazia dalle masse lavoratrici, ma anche dalla difesa del sistema democratico. L'alleanza con i partiti borghesi e la sua strategia politica finì per far perdere alla socialdemocrazia weimariana quella sua caratteristica tipicamente classista per portarla ad assumere un ruolo di forza tipicamente conservatrice, e

---

[200] "Il Popolo d'Italia", 15 maggio 1932.

[201] "Il Popolo d'Italia", 18 maggio 1932.

[202] Cfr. W. ABENDROTH, *La socialdemocrazia in Germania*, Editori Riuniti, Roma 1980, p.76.

[203] "Critica fascista", aprile 1932, articolo di Mario da Silva.

di conseguenza al suo isolamento politico[204]. La dimostrazione era stata la scelta di appoggiare Hindenburg nelle elezioni presidenziali, contro il quale le forze di sinistra e lo stesso Centro, nelle elezioni presidenziali del 1925, avevano opposto Marx. Proprio il fatalismo e la rassegnazione delle forze democratiche furono gli elementi di debolezza della Repubblica nella sua ultima fase[205]. Contro questa strategia si opposero anche le stesse correnti socialiste europee. Sull'"Avanti", bollettino del partito socialista italiano, pubblicato a Parigi, si legge: «Purtroppo la socialdemocrazia ha preferito l'aberrante adesione alla politica del Brüning e alla candidatura di Hindenburg, cinico portavoce del fascismo»[206].

Il Centro, invece, divenne l'ago della bilancia nella questione prussiana. Unico partito a essere uscito indenne da qualsiasi elezione nella Germania weimariana, nel maggio del 1932 diventava fondamentale la sua decisione se dare alla sua politica una svolta verso destra o mantenere ancora legami con la vecchia coalizione. Vista l'incertezza scaturita dal risultato elettorale prussiano, il Centro aveva la possibilità di partecipare a un governo di destra al fianco dei nazionalsocialisti[207]. Questo era quello che si aspettava Hindenburg e alcuni esponenti dell'ala destra del partito, fra cui Franz von Papen. Tuttavia, il partito abbracciò una politica di temporeggiamento, in modo da permettere a Braun di governare a capo di un esecutivo con funzioni puramente amministrative. Con la nomina a cancelliere di Franz von Papen il Centro sposterà chiaramente il suo asse verso destra, favorendo indirettamente il "governo dei baroni" e abbracciando una politica tipicamente reazionaria. Le cause per le quali il partito cattolico tedesco adottò una nuova filosofia politica saranno meglio spiegate in seguito.

In un panorama così vasto e complesso è quindi difficile proporre un'analisi chiara ed esaustiva di tutte le vicende che portarono alla fine l'"era Brüning". Le azioni e le strategie, più o meno consapevoli, di uomini come

---

[204] Cfr. E. COLLOTTI, *La Germania nazista*, op. cit., p.62.

[205] Cfr. M. BROSZAT, *Da Weimar a Hitler*, op. cit., p.164.

[206] "Avanti", 24 luglio 1932.

[207] Cfr. M. BROSZAT, *Da Weimar a Hitler*, op. cit., p.168.

Hindenburg, Schleicher, Hitler, Groener e lo stesso Brüning, il tatticismo passivo dei partiti come la Spd e il Centro, le violente campagne antirepubblicane portate avanti dalla Nsdap e in parte dai tedesco-nazionali hanno avuto un ruolo, più o meno importante, nella caduta del sistema democratico e parlamentare di Weimar. Tutto questo proprio quando la Germania si stava per liberare dal peso delle riparazioni e dei debiti di guerra, che tanto avevano influenzato la vita politica, economica e sociale dell'era repubblicana. L'impossibilità di poter rivedere, nella Germania degli anni Trenta, la speranza di un barlume di democrazia e di parlamentarismo era ben sintetizzata nelle parole di Brüning, quando ebbe a dire che la sua corsa si era fermata a «centro metri dal traguardo»[208].

---

[208] H. BRÜNING, *Memoires*, op. cit., p.414.

3. VON PAPEN CANCELLIERE DEL REICH

3.1 *Perché von Papen*

L'1 giugno 1932, due soli giorni dopo la defenestrazione di Brüning, fu nominato cancelliere Franz von Papen. Appartenente alla nobiltà cattolica della Westfalia, maggiore di cavalleria dell'esercito prussiano in congedo, ex addetto militare a Washington, espulso poi durante la guerra con l'accusa di spionaggio, e proprietario di una grande fabbrica di maioliche, oltre che maggiore azionista del "Germania", organo ufficiale del Centro, era, tuttavia, semisconosciuto nel panorama politico. Nonostante l'appartenenza al gruppo parlamentare del Centro nel Landtag prussiano, non riuscì mai a entrare come deputato al Reichstag né tantomeno a farsi strada nel corpo diplomatico[209]. La considerazione di cui godeva nei circoli politici era pressoché nulla. L'ambasciatore francese a Berlino, François-Poncet, nelle sue memorie descrive così le doti intellettuali e caratteriali del nuovo cancelliere: «von Papen aveva la caratteristica di non essere preso sul serio né dagli amici né dagli avversari [...] Era superficiale, imbroglione, falso, ambizioso, vanitoso, scaltro, intrigante»[210]. Questo duro giudizio trova consenso tra numerosi storici. Wheeler-Bennett descrive von Papen «uomo di quint'ordine»[211], mentre Shirer parla addirittura di «figura ridicola»[212].

Nonostante queste sue doti non particolarmente eccelse, tuttavia sembrò a Schleicher l'uomo adatto in quel momento[213]. Infatti, era un acceso

---

[209] E. EYCK, *Storia della Repubblica di Weimar*, op. cit., pp.723-724.

[210] A. FRANÇOIS-PONCET, *Ricordi di un ambasciatore a Berlino*, Rizzoli, Milano-Roma 1947, pp.23-24.

[211] J.W. WHEELER-BENNETT, *La nemesi del potere*, op. cit., p.226.

[212] W. SHIRER, *Storia del Terzo Reich*, op. cit., p.255.

[213] Cfr. H. SCHULZE, *La Repubblica di Weimar*, op. cit., p.459.

cattolico conservatore ed era nota la sua volontà di dare alla costituzione un cambiamento in senso reazionario; inoltre era un acerrimo nemico della socialdemocrazia, essendosi adoperato per anni con lo scopo di spezzare il legame tra il Centro e la Spd, sia nel Land prussiano sia nel governo del Reich[214]. Per queste sue qualità Schleicher lo presentò a Hindenburg. Essendo abbastanza di destra e con una personalità piuttosto malleabile, sarebbe piaciuto al presidente[215]. Ma soprattutto l'appartenenza al Centro rappresentava un grosso vantaggio per l'attuazione dei piani della Reichswehr. Si pensava, infatti, che con l'aiuto del Centro, un partito di lunga esperienza politica e di grosso seguito elettorale, si sarebbero potuti controllare i nazionalsocialisti, responsabilizzandoli con piccoli incarichi di governo e portandoli così a rinunciare a ogni progetto dittatoriale. Al riguardo Brüning, in un colloquio con Hans Schäffer, sottosegretario del ministero delle Finanze fino all'aprile 1932, sul motivo per il quale era stato scelto von Papen come cancelliere rispose che si era trattato di «una proposta fatta al Presidente della Repubblica per ottenere l'appoggio dello Zentrum»[216].

Il nuovo governo fu formato con la stessa velocità che aveva caratterizzato la formazione del precedente governo Brüning due anni prima. Tuttavia prima di prendere una decisione definitiva, Hindenburg convocò i leader dei partiti. Tali consultazioni erano per lui essenziali al fine di proteggerlo contro qualsiasi possibilità di azioni incostituzionali; ma al tempo stesso era

---

[214] Per il suo pensiero politico von Papen sembrava incarnare la figura tipica del tedesco-nazionale; ma il partito di Hugenberg era troppo protestante agli occhi del nuovo cancelliere e per questo motivo la sua lotta verso la coalizione repubblicana fu sempre portata avanti nelle fila dell'ala destra del partito del Centro, con lo scopo finale di portarlo su posizioni più reazionarie.

[215] Cfr. E.EYCK, *Storia della Repubblica di Weimar*, op. cit., p.724.

[216] Questo colloquio tra Brüning e Schäffer ebbe luogo il 7 giugno 1932. Gli estratti di questo colloquio, provenienti dal diario dello stesso Schäffer, sono citati in M. BROSZAT, *Da Weimar a Hitler*, op. cit., pp.221-226.

consapevole che non aveva alternative, costretto a nominare un governo non basato sui partiti, come suggerito da Schleicher[217].

Le prime consultazioni cominciarono nel pomeriggio del 30 maggio. Il primo a essere convocato fu Löbe, presidente del Reichstag. Nonostante l'ultima parola spettasse a Hindenburg, fu il segretario di Stato Meissner l'artefice della nomina di Papen; infatti, poiché il presidente tentennava nella decisione, Meissner si adoperò per agire come tampone nei colloqui con i leader dei partiti, guidando le conversazioni, facendo domande, evitando le critiche e provando a tagliare corto quando era necessario[218]. In pratica Löbe doveva essere informato sull'indirizzo che doveva esser preso dal nuovo governo, ma la conversazione era finalizzata solamente a portare il presidente a decidere in favore di Papen. Così fu anche con gli altri leader, dai socialisti Breitscheid e Wels ai portavoce dei tedesco-nazionali, dal partito popolare conservatore, rappresentato dal conte Westarp, ai leader dei partiti minori.

Importanti, invece, furono i colloqui con Hitler e con il prelato Kaas. A Hitler, accompagnato da Göring, Hindenburg presentò il progetto preparato in precedenza da Schleicher: Gabinetto presidenziale, rinuncia all'interdizione delle SA e delle SS e scioglimento del Reichstag. In cambio Hitler si impegnava ad appoggiare il nuovo governo[219]. In realtà la proposta di Hindenburg non prese di sorpresa i nazisti, poiché il progetto di Schleicher era stato preparato in gran segreto tra lo stesso generale e Hitler l'8 maggio. La cosa più importante era che il presidente approvava. Per l'occasione Goebbels annotò: «Il colloquio di Hitler col presidente è andato bene [...] Come cancelliere si fa il nome di von Papen. Ma ciò poco interessa. L'importante è che il Reichstag è sciolto»[220].

Completamente diverso fu il colloquio con Kaas. Il responsabile del Centro chiarì subito che il suo partito non avrebbe assolutamente sostenuto un

---

[217] Cfr. A. DORPALEN, *Hindenburg and the Weimar Republic*, Princeton University Press, Princeton 1964, pp.328-329.

[218] *Ibidem*, p.329.

[219] Cfr J.W. WHEELER-BENNETT, *La nemesi del potere*, op. cit., p.226-227.

[220] Dal diario di Goebbels, cit. in W. SHIRER, *Storia del Terzo Reich*, op. cit., p.255.

governo su basi "nazionali", appoggiato dalle destre, ma che sarebbe passato all'opposizione. Kaas criticava anche l'atteggiamento dei nazionalsocialisti che avevano imposto «una soluzione imperfetta della crisi»[221].

Cadeva così uno dei punti fondamentali del progetto di Schleicher di affiancare ai nazisti il partito del Centro nel nuovo governo Papen. Cadeva anche la speranza, nutrita da Hindenburg, di una partecipazione di Brüning al nuovo governo con l'incarico di ministro degli Esteri[222]. Pur essendo palesi le difficoltà con cui prendeva piede il progetto Schleicher, nessun partito fu capace di proporre alternative valide. Alla fine dei colloqui quasi tutti i leader erano consapevoli che si stava procedendo su una linea anticostituzionale – il Reichstag non poté mai esprimere un parere sulle ultime vicende –, ma nessuno mosse un dito.

Soddisfatto comunque dell'andamento dei colloqui, Hindenburg ricevette per ultimo Papen, nello stesso pomeriggio del 30. In realtà questo colloquio fu preceduto da un altro avuto dallo stesso Papen con Schleicher il 28 maggio. Di questo colloquio Papen racconta: «[...] (Schleicher) mi disse che era desiderio del presidente di costituire un Gabinetto di competenti, al difuori dei partiti. Era ormai diventato tecnicamente impossibile di formare un Gabinetto parlamentare [...]»[223]. Sui diversi punti del progetto, espressi in seguito da Schleicher, Papen si mostrò d'accordo ma, ritenendo che il male dovesse essere attaccato alle radici, propose una modificazione della costituzione. La proposta non trovò Schleicher particolarmente entusiasta e comunque solo alla fine del colloquio avanzò a Papen la proposta del cancellierato. Quest'offerta giunse a Papen «completamente inaspettata» e si riservò di decidere nelle ore seguenti[224].

Solo un quarto d'ora prima dell'incontro con il presidente, due giorni dopo il colloquio con Schleicher, Papen vide Kaas per riferirgli della proposta offertagli. Kaas dichiarò che sarebbe stata un'imperdonabile infrazione al codice

---

[221] "Civiltà Cattolica", 1968, 18 giugno 1932.

[222] Cfr. A. DORPALEN, *Hindenburg and the Weimar Republic*, op. cit., p.330.

[223] F. VON PAPEN, *Memorie*, op. cit., p.179-180.

[224] *Ibidem*, p. 181.

di disciplina del partito il sostituirsi al cancelliere designato, che per il Centro era Brüning. Influenzato dall'ammonimento di Kaas, Papen rispose che avrebbe rifiutato l'incarico[225]. Le cose andarono poi diversamente. La decisione di accettare l'incarico Papen la giustifica così nelle sue memorie raccontando che il presidente si rivolse a lui dicendo: «non potete assolutamente piantare in asso un vecchio come me [...] Vi chiedo di assumere una carica dalla quale dipende il futuro del nostro paese e mi affido al vostro senso di dovere e al vostro patriottismo perché facciate quello che vi chiedo»[226]. Avevano prevalso le ragioni del patriottismo e dell'obbedienza, anziché le giuste valutazioni, come ci si dovrebbe attendere da un leader politico in trattative con il capo dello stato[227]. In una lettera mandata a Kaas il 2 giugno, Papen spiega che «non come uomo di partito, ma come tedesco ho accettato mio malgrado l'appello di Hindenburg»[228]. Tuttavia la giustificazione di Papen non fu sufficiente a impedire un'insanabile rottura con il suo partito; l'aspetto grave della situazione non era tanto l'essersi messo contro le direttive del gruppo cui apparteneva, ma l'aver mancato alla parola data a un religioso cattolico. La sua estromissione dal partito sembrò in quel momento la cosa più naturale.

3.2 *Il governo dei baroni*

Nonostante la grave sconfitta politica, l'1 giugno fu annunciato al mondo intero la nomina di Papen a cancelliere del Reich. La sua nomina attirò l'attenzione di tutta la stampa mondiale, che si attestò su posizioni negative. Chiaramente in Italia l'avvento di un governo di destra in Germania fu salutato

---

[225] Cfr. E. EYCK, *Storia della Repubblica di Weimar*, op. cit., p.725.

[226] F. VON PAPEN, *Memorie*, op. cit., p.188.

[227] A. DORPALEN, *Hindenburg and the Weimar Republic*, op. cit., p.334.

[228] "Il Corriere della Sera", 3/6/32.

con entusiasmo. Renzetti in "Gerarchia", descrivendolo come un momento di transizione, sostiene che «si è passati dalla fase weimariana a quella nazionale, ma si è soltanto all'ingresso di quest'ultima [...] Tale situazione può paragonarsi a quella del 1922»[229]. Il "Corriere della Sera" titolava: «Sono le vecchie istituzioni, gli antichi partiti, le sorpassate ideologie che non servono più: nuove correnti stanno per occuparne il posto»[230]. Il termine "nuove correnti" si riferiva chiaramente all'ascesa al potere del partito nazionalsocialista. Il "Messaggero" era ancora più esplicito, poiché sosteneva che il nuovo governo aveva il compito «di preparare la strada a un governo totalmente di destra, avente per cancelliere un nazionalsocialista»[231]. Per il "Popolo d'Italia" questo sarebbe «solo un governo di transizione [...] il Gabinetto trampolino, destinato a governare soltanto alcuni mesi»[232].

La velocità con cui fu formato il nuovo governo fu sorprendente. Tuttavia il merito non fu del neo cancelliere ma di tutto un lavoro preparato da Schleicher e dai suoi collaboratori. Lo stesso Papen ammette nelle sue memorie che nel colloquio del 28 maggio Schleicher «aveva già preparato una completa lista di Ministri»[233]. I nomi che uscivano da questa lista facevano ben capire quale fosse il nuovo indirizzo che si voleva dare al nuovo governo: ministro della Reichswehr fu lo stesso Schleicher che così uscì allo scoperto; ministro degli Interni fu nominato Wilhelm von Gayl, tedesco-nazionale, funzionario di un'organizzazione agraria, rappresentante della Prussia orientale al Reichstag e, infine, avversario della coalizione rosso-nera prussiana; al ministero al Vettovagliamento fu posto il barone von Braun, tedesco-nazionale e grande amico di Hindenburg; von Neurath assunse il ministero degli Esteri; le Finanze andarono al conte Schwerin-Krosigk; infine Gürtner, ministro bavarese della Giustizia, divenne ministro della Giustizia. Era quello che nella storia è ricordato

---

[229] "Gerarchia", giugno 1932.

[230] "Il Corriere della Sera", 1/6/32.

[231] "Il Messaggero", 2/6/32.

[232] "Il Popolo d'Italia", 1/6/32.

[233] F. VON PAPEN, *Memorie*, op. cit., p.185.

come il "Governo dei Baroni" per la provenienza di sette ministri su nove dall'antica nobiltà e nel quale, per la prima volta dalla nascita della Repubblica, non c'erano rappresentanti delle organizzazioni del lavoro.

Quegli uomini avevano molte cose in comune. Innanzitutto quasi tutti avevano accettato l'incarico non per convinzione ma perché avevano obbedito a un ordine. La cosa non sorprende poiché gran parte proveniva da una casta di ex ufficiali dell'esercito prussiano. Eyck definì questo fenomeno come una «rivalutazione degli ufficiali in congedo in quanto classe dirigente»[234]. Erano uomini che per estrazione sociale, interessi, mentalità e idee politiche erano molto vicini al vecchio Hindenburg. In questo senso si poteva definire un gabinetto omogeneo. Nato come governo apartitico, nel senso strettamente tecnico, i suoi membri – monarchici, reazionari, antidemocratici, nazionalisti, imprenditori – condividevano lo stesso punto di vista, dimostrandosi più a destra di quanto lo era stato il governo Brüning[235]. Non fu un caso che solo pochi mesi più tardi ben cinque di loro, Papen, Gürtner, Schwerin von Krosigk, von Gayl e Neurath, furono ministri di Hitler nel Terzo Reich.

Agli occhi delle forze repubblicane questo governo era una provocazione, e appariva come qualcosa di fantastico e di grottesco[236]. Il Centro, indignato dal suo comportamento, riteneva Papen addirittura un nemico più pericoloso dei nazionalsocialisti. La Spd ripudiò subito questo gabinetto facendosi portavoce della sfiducia di tutta la classe operaia. Papen non poteva quindi contare su una maggioranza parlamentare, al contrario di quanto aveva fatto Brüning, attraverso una strategia di tipo psicologico. E non poteva contare neanche sugli Junker, come spesso fu detto; solo tre dei suoi membri potevano essere classificati come tali[237]. Si poteva contare solo sull'appoggio del presidente, delle forze armate e dei nazionalsocialisti, la cui promessa "tolleranza" nascondeva ben altri obiettivi. Se non si tiene conto della mancanza

---

[234] E. EYCK, *Storia della Repubblica di Weimar*, op. cit., p.726.

[235] Cfr. A. DORPALEN, *Hindenburg and the Weimar Republic*, op. cit, p.335.

[236] Cfr. H. SCHULZE, *La Repubblica di Weimar*, op. cit., p.462.

[237] Cfr. A. DORPALEN, *Hindenburg and the Weimar Republic*, op. cit., p.336.

dell'appoggio del Centro, aspetto non di minore importanza, erano queste le fondamenta del progetto portato avanti da Schleicher[238]. Il nuovo ministro della Reichswehr era convinto che dopo aver attuato le nuove riforme si potesse passare alla fase di liquidazione del partito nazista; la sua tattica, profondamente diversa da quella fallita da Brüning, si basava su una linea moderata che avrebbe spinto, in un secondo momento, i nazionalsocialisti ad assumere pian piano incarichi di governo, per poi, una volta "imborghesiti", liquidare politicamente Hitler e il suo movimento. La sua fu solo un'illusione. Le sue manovre, scioglimento del Reichstage abolizione dell'interdizione delle milizie nazionalsocialiste, si rivelarono molto più utili a Hitler di quanto egli stesso pensasse. Molto interessante è l'appunto che fa Sir Rumbold sulla situazione: «un buon giudice» sostiene il rappresentante inglese «considera che l'attuale Gabinetto è un Gabinetto di mutevoli inganni. Herr von Papen pensa di aver avuto la meglio sul generale Schleicher e su Hitler, il generale Schleicher pensa di aver avuto la meglio su Hitler, e Hitler, da parte sua, crede di aver avuto la meglio su entrambi»[239].

3.3 *Il Centro a una svolta*

La nomina di Papen a cancelliere del Reich determinò una svolta nella vita politica della repubblica tedesca. Il Centro, che dal 1918 era sempre stato al governo, passò ora all'opposizione, giocando nei mesi successivi un ruolo determinante negli avvenimenti finali della repubblica. Il motivo di una svolta così importante nella storia del partito fu sicuramente il modo in cui fu estromesso dalla carica di cancelliere uno dei loro leader più importanti, Brüning, e il comportamento poco corretto di una figura assai meno importante, Papen.

---

[238] Cfr. J.W. WHEELER-BENNETT, *La nemesi del potere*, op. cit., p.227.
[239] *Documents on British Foreign Policy*, vol. III, n.136, p.186.

L'aver accettato da parte di Papen la carica di cancelliere, contro le direttive suggeritegli da Kaas, aveva scatenato una forte indignazione negli ambienti cattolici, tanto che da nessuna parte c'era per lui un ribrezzo maggiore di quello che si aveva nel suo stesso partito, il Centro[240]. D'altronde la risposta del partito alla nomina di Papen non si fece attendere. Un comunicato ufficiale recitava in questo modo: «Elementi costituzionalmente irresponsabili hanno spezzato le promettenti linee della politica nazionale di ricostruzione con intrighi [...] Il Centro non vuole assumere nessuna responsabilità per soluzioni provvisorie extraparlamentari e le respinge»[241]. In una lettera al partito von Papen disse che la sua nomina non avrebbe modificato il lavoro svolto in precedenza da Brüning, ma egli sentiva che la nuova Germania doveva essere basata su forze alle quali le giovani generazioni legassero le loro speranze[242]. La nomina di Papen, tuttavia, accentuò una divisione già presente all'interno del partito. Il Centro, infatti, riuniva sotto di sé masse estremamente eterogenee: si andava dai proprietari terrieri, dagli industriali del carbone, rappresentati dall'ala destra del partito (di cui faceva parte anche Papen), alle masse operaie e della piccola borghesia, rappresentati dall'ala sinistra. L'unico elemento in comune, che faceva sì che il partito potesse basarsi su un ampio elettorato, era la confessione cattolica. Fino a quel momento l'eterogenea composizione sociale del Centro aveva permesso a questo partito di partecipare a tutti i governi della repubblica, sia che fossero liberali che reazionari, uscendo sempre intatto a ogni tornata elettorale[243]. Tuttavia, agli inizi di giugno del 1932, la situazione era cambiata; le due anime del partito entrarono in conflitto e l'ala destra e autoritaria ebbe il sopravvento, condizionando la politica del Centro[244]. Papen nelle sue memorie sostiene che proprio l'ala destra appoggiò il suo cancellierato, ma non fu sempre così in

---

[240] Cfr. H. SCHULZE, *La Repubblica di Weimar*, op. cit., p.462.

[241] "Il Corriere della Sera", 2/6/32.

[242] *Documents on British Foreign Policy*, vol. III, n.121, p.151.

[243] Cfr. M.M. SCHEINMANN, *Il Vaticano tra due guerre*, Ed. di cultura sociale, Roma 1951, pp.153-154.

[244] Cfr. K.P. HOEPKE, *La destra tedesca e il fascismo*, Il Mulino, Bologna 1971, p.73.

quanto, in questo caso, proprio la diversità della sua base sociale impedì al Centro di entrare a far parte del suo governo. In verità la svolta a destra era cominciata già nel 1928, e tutta la politica del Centro era finalizzata a rafforzare i ceti borghesi, per giungere a un governo esclusivamente cattolico e conservatore. L'alleanza con la socialdemocrazia nasceva da un'esigenza di controllare ogni possibilità rivoluzionaria, auspicata dall'estremismo di sinistra, ma il Centro mostrava di avere una maggiore affinità verbale con le destre riformiste, quali la Dvp, gli "Elmi d'Acciaio" e la Dhv (Deutshnationale Handlungsgehilfen Verband), la più grossa organizzazione sindacale impiegatizia[245]. In questo modo diventa difficile capire dov'era la linea di demarcazione tra l'anima repubblicana e democratica e quella conservatrice e autoritaria, entrambe presenti in seno al partito. Indubbiamente l'originario pensiero cattolico conservatore sfociava sempre più in tendenze pangermaniche neoconservatrici o nazionalrivoluzionarie[246].

Il punto cruciale, però, era nell'atteggiamento del Centro nei confronti del nazionalsocialismo. Il governo Brüning, alleandosi con le forze di sinistra, cercò di tenerlo sotto controllo, arrivando anche a colpirlo, in alcuni casi, nelle sue strutture più importanti – ricordiamo il provvedimento d'interdizione delle SA e delle SS. Ma quest'alleanza creò non pochi problemi al cancelliere poiché, come racconta Sir Horace Rumbold in un rapporto a Simon circa la situazione interna tedesca, si formò un movimento – sul quale non poca influenza ebbero gli hitleriani – che osteggiava il cosiddetto "sistema", che poneva i Cattolici in una posizione chiave, soprattutto nelle regioni orientali della Prussia, dove la maggioranza della popolazione era protestante[247]; i proprietari terrieri, continua Rumbold, e i loro amici a Berlino (tra cui anche Hindenburg) avvertivano questa

---

[245] *Ibidem*, pp.74-75.

[246] *Ibidem*, p.78.

[247] Addirittura i sostenitori di questo movimento erano convinti che la Chiesa Cattolica agisse contro gli interessi nazionali, nella questione delle minoranze all'estero (Deutschtum); c'era la convinzione che, prima o poi, le comunità cattoliche sarebbero state spinte dai preti locali verso un processo di polonizzazione.

situazione come un impedimento dell'unità nazionale e ritennero che l'unica via d'uscita fosse quella di deporre Brüning dalla Cancelleria[248]. Col governo Papen gli equilibri si modificarono e la tolleranza di una parte del Centro verso il movimento hitleriano sembrò più evidente. È vero che il Centro si rifiutò di partecipare al governo dei baroni ma la mancanza di una vera opposizione e la scelta di porsi su una posizione passiva di osservazione e attesa degli eventi fece sì che, inconsapevolmente, aprisse la strada alle mire nazionalsocialiste. Già nel gennaio del 1931, durante una conferenza internazionale dei partiti democratici d'ispirazione cristiana tenuta a Parigi, un importante esponente del disciolto partito popolare italiano, Ferrari, formulò una durissima critica all'atteggiamento tollerante del Centro tedesco nei confronti del nazismo. Alla presenza di alcuni esponenti tedeschi, tra cui anche von Papen, pronunziò questa frase: «Amici tedeschi, se voi continuate di questo passo, finirete presto con una tragedia pari alla nostra»[249].

Molto è stato scritto sulla tolleranza e su presunte intese del Centro con i nazionalsocialisti. Engels-Janosi riferisce nel suo libro[250] che negli ambienti ecclesiastici si parlava di tentativi fatti dal Centro per accordarsi con i nazionalsocialisti già al tempo di Brüning. Falliti questi tentativi, Brüning sarebbe stato costretto a fare nuove concessioni alla sinistra, con la conseguenza che buona parte dell'elettorato cattolico avrebbe spostato le proprie "simpatie" verso il nazionalsocialismo. Certo è difficile provare se ci siano stati effettivamente dei contatti tra il Centro – probabilmente più l'ala destra del partito – e il partito hitleriano; ma la cosa più importante è che la scelta di passare all'opposizione, in seguito alla nomina di von Papen, rappresentò per il Centro la possibilità di salvarsi da una possibile scissione. Certo il partito non ne uscì rinforzato ma, come riferisce lo stesso Brüning, nei piani di Schleicher «la designazione di von Papen significava che si voleva far "esplodere" il partito del Centro in occasione

---

[248] *Documents on British Foreign Policy*, Vol. III, n.136, p.185.

[249] Cit. in C. SFORZA, *L'Italia dal 1914 al 1944 quale io la vidi*, A. Mondadori, Roma 1945, p.37.

[250] F. ENGELS-JANOSI, *Il Vaticano tra fascismo e nazismo*, Le Monnier, Firenze 1973, p.152.

delle elezioni»[251]. Anche per la stampa italiana ci si serviva di von Papen «per fare breccia nel partito del Centro provocandone una scissione fra l'ala Kaas-Brüning e quella von Papen»[252]. Del progetto di Schleicher si parla anche in una corrispondenza tra Grandi e l'ambasciatore italiano a Berlino, Orsini Baroni. L'ambasciatore riferisce che «non essendo riuscito al generale von Schleicher il colpo tentato con la scelta di von Papen di causare una scissione nel Centro, si starebbe tentando un'altra strada per neutralizzare presso la Curia romana l'autorità e la simpatia del prelato Kaas e del dott. Brüning, passati ormai all'opposizione la più decisa»[253]. Il fatto che il Centro godeva del sostegno della Chiesa cattolica determinava un coinvolgimento, diretto o indiretto, del Vaticano nella questione della tolleranza in Germania di un governo di destra, anche con i nazionalsocialisti. In verità la stampa cattolica, ritenendo che il problema di una possibile alleanza col partito hitleriano fosse presente solo in Prussia, sosteneva che il Centro «non sembrava in vena di dare il voto a un nazionalsocialista»[254]. Sturzo, in un articolo pubblicato a Parigi nel luglio 1933[255], respinge l'accusa che il Vaticano abbia abbandonato il Centro nel momento difficile; se vi è un colpevole, sostiene Sturzo, non è il Vaticano ma «quei capi che non ebbero mai il coraggio di sciogliere le squadre armate, [...] di combattere tutti gli assalti nazionalisti al potere [...] Quando von Papen divenne cancelliere, il Centro comprese il pericolo imminente, ma non riuscì nella sua tattica più di quanto non fosse riuscito il partito popolare italiano nel 1922». In pratica non ci sono elementi per stabilire un effettivo coinvolgimento della Curia romana nella politica interna tedesca, anche se autori, come Engels-Janosi[256], sostengono la tesi che alte cariche ecclesiastiche non avrebbero opposto certo un netto rifiuto

---

[251] H. BRÜNING, *Memoires*, op. cit., p.430.

[252] "Il Corriere della Sera", 1/6/32.

[253] *Documenti diplomatici italiani*, serie VII, vol. IX, p.113.

[254] "Civiltà Cattolica", 1969, giugno 1932.

[255] Quest'articolo dal titolo «La caduta del Centro», pubblicato sull'"Aube" di Parigi il 17 luglio 1933, è citato in L. STURZO, *Miscellanea londinese*, op. cit., p.234-235.

[256] Cfr. F. ENGELS-JANOSI, *Il Vaticano tra fascismo e nazismo*, op. cit., pp.152-153.

verso il nazionalsocialismo, mentre Scheinmann[257] addirittura parla di un contributo decisivo da parte delle alte gerarchie della Chiesa cattolica al successo del fascismo in Germania. Hoepke, al contrario, sostiene che durante la Repubblica di Weimar l'avvicinamento dei cattolici di destra al resto della destra conservatrice borghese sia avvenuto sul campo politico-culturale, anche se questa strada poi li portò a confluire nell'orbita nazionalsocialista. Che poi, continua Hoepke, ci possa essere stato un coinvolgimento diretto della Chiesa questo può essere avvenuto al massimo nelle parrocchie di provincia, mentre il numero di ecclesiastici che appoggiarono chiaramente il nazionalsocialismo non fu più di una dozzina[258].

Abbandonando il campo delle ipotesi, si può affermare con sicurezza che il Centro uscì profondamente provato dagli avvenimenti dell'1 giugno. La posizione che doveva assumere nei confronti del governo Papen era particolarmente delicata. Perla stampa italiana il futuro del partito cattolico tedesco non era per niente roseo. Secondo il "Messaggero" «il Centro cattolico stava preparando la fossa in cui finiscono la loro esistenza politica tutti i partiti che hanno troppo a lungo giuocato fra una presunta democrazia e l'irrefrenabile aspirazione a reggere, a tutti i costi, le redini del potere»[259]. Per "Il Popolo d'Italia" «il gesto di von Papen può essere preso come l'ultimo tentativo di richiamare il partito cattolico alla realtà pratica del momento»[260]. L'aspetto più complesso era rappresentato dall'intreccio che si era venuto a creare tra la politica e i contenuti del pensiero cattolico, che erano alla base dell'ideologia del partito. Nella lettera citata in precedenza di von Papen a Kaas, il cancelliere esprimeva il concetto «che la premessa per ogni rinascita nazionale deve essere la recisa affermazione degli immutati principi etici del nostro pensiero cattolico»[261]. Quest'ultima frase toccava il punto più delicato della politica del Centro nel

---

[257] Cfr. M.M. SCHEINMANN, *Il Vaticano tra due guerre*, op. cit., p.163.

[258] Cfr. K.P. HOEPKE, *La destra tedesca e il fascismo*, op. cit., pp.80-81.

[259] "Il Messaggero", 3/6/32.

[260] "Il Popolo d'Italia", 1/6/32.

[261] "Il Corriere della Sera", 3/6/32.

dopoguerra; si rimettevano in discussione i tanti anni di alleanza con la socialdemocrazia anticattolica, antireligiosa e atea. Per questo motivo l'opinione politica italiana ammoniva il Centro per una politica troppo ostile al governo nazionale di Papen.

3.4 *Lo scioglimento del Reichstag*

Il 3 giugno il "Messaggero" titolava: «In questo stato di cose l'unica via di uscita è lo scioglimento del Reichstag»[262]. Quest'osservazione descriveva perfettamente la situazione politica tedesca. Il governo poteva fare solo affidamento sui tedesco-nazionali e sulla "tolleranza" dei nazionalsocialisti, mentre aveva contro i socialdemocratici e soprattutto il Centro, insieme ad altri partiti democratici di minor peso. E proprio al Centro la stampa italiana attribuiva le maggiori responsabilità dell'attuale situazione, poiché aveva «reso impossibile ampliare verso destra [...] le basi del governo [...] In tal modo aveva fatto il gioco di Hitler»[263]. Mancava quindi una maggioranza parlamentare, e a von Papen, per poter governare, non rimaneva che mettere in pratica una delle prime richieste nazionalsocialiste: lo scioglimento del Reichstag. Il decreto di scioglimento, emanato il 4 giugno, dava a von Papen un paio di mesi di tregua, durante i quali poteva governare senza l'ostacolo del Reichstag[264]. L'aver fissato la data delle elezioni al 31 luglio dava tempo a Papen di impressionare la nazione con una politica di successo e con una buona riuscita dell'imminente conferenza internazionale di Losanna[265]. Nelle sue memorie Papen sostiene che il compito più importante del suo governo era di «controllare il nazismo coinvolgendolo

---

[262] "Il Messaggero", 3/6/32.

[263] "Il Corriere della Sera", 4/6/32.

[264] Cfr. E EYCK, *Storia della Repubblica di Weimar*, op. cit., p.729.

[265] Cfr. A. DORPALEN, *Hindenburg and the Weimar Republic*, op. cit., p.337.

nelle responsabilità di governo»[266]. Infatti, gli intrighi di Berlino si concentravano soprattutto sulla formazione di un forte governo di destra, allo scopo di indebolire Hitler e il suo programma anti-capitalistico[267].

Lo scioglimento del Reichstag, nelle mire nazionalsocialiste, rappresentava la possibilità di poter accrescere notevolmente il proprio elettorato, superando i 107 seggi di cui già disponevano e raccogliendo ben oltre i tredici milioni di elettori che avevano votato per Hitler durante la campagna presidenziale. Infatti, il Nsdap concentrò tutti i suoi sforzi nella campagna elettorale, nel corso della quale mostrò una sempre maggiore "insofferenza" verso il governo Papen, a dispetto della tanto promessa "tolleranza"[268]. In un articolo su "Gerarchia" Giuseppe Renzetti, nella speranza che non avrebbero perso lo spirito rivoluzionario, profetizzò che i nazionalsocialisti avrebbero finito inevitabilmente «con lo schierarsi contro il gabinetto attuale»[269].

Che avrebbero conseguito un notevole successo elettorale si era capito già il 5 giugno, quando nelle elezioni del Mecklenburgo si assicurarono ventinove seggi nella Dieta locale, tanti quanti tutti gli altri partiti messi insieme. Il 9 giugno, nel primo incontrò con Hitler, il cancelliere ebbe le idee più chiare. Desiderando di conoscere gli accordi presi precedentemente dal capo dei nazionalsocialisti con Schleicher, Papen ebbe questa risposta: «Considero il vostro Gabinetto come una soluzione temporanea e continuerò i miei sforzi per rendere il mio partito il più forte del paese. Allora il cancellierato passerà nelle mie mani»[270]. Goebbels, in un articolo riportato anche dalla stampa italiana, dichiarò che l'atteggiamento dei nazionalsocialisti era di riserva nell'attesa, ricordando che von Papen aveva promesso di «epurare il Reich dal marxismo e dalla democrazia [...]»[271]. Il cancelliere aveva capito che il suo futuro sarebbe

---

[266] F. VON PAPEN, *Memorie*, op. cit., p.192.

[267] *Documents on British Foreign Policy*, vol. III, n. 122, p.152.

[268] Cfr. J.W. WHEELER-BENNETT, *La nemesi del potere*, op. cit., p.228.

[269] "Gerarchia", giugno 1932.

[270] F. VON PAPEN, *Memorie*, op. cit., p.193.

[271] "Il Popolo d'Italia", 9/6/32.

dipeso da Hitler, ma anche che solo una serie di successi politici avrebbero fatto capire ai cittadini tedeschi che l'avvento del nazionalsocialismo non era indispensabile.

3.5 *L'ostacolo Prussia e la revoca del divieto alle SA*

Nella scala gerarchica degli impegni più urgenti del nuovo governo al primo posto non appariva il problema della crisi economica né tantomeno la disoccupazione, ma l'eliminazione del governo prussiano[272]. Nelle elezioni del 24 aprile il governo repubblicano di Braun era stato privato della maggioranza e si dimise un mese dopo. Era necessario quindi eleggere un nuovo presidente del Consiglio. La cosa non appariva così semplice; infatti, secondo una legge promulgata dal vecchio Landtag, era necessaria una maggioranza assoluta per eleggere un nuovo presidente del Consiglio. Ma, sulla base dei risultati delle precedenti elezioni, non era possibile creare una maggioranza assoluta poiché i nazionalsocialisti e i tedesco-nazionali disponevano di circa 200 voti, mentre i socialdemocratici e il Centro ne avevano 160[273]. L'attuale governo si manteneva in carica solo per curare gli aspetti più importanti di politica interna. Simili situazioni esistevano anche in altri Länder, ma in Prussia la posizione di Braun si era fatta difficile. Dopo le elezioni si poteva definire "politicamente finito" e la decisione, da lui presa il 6 giugno, di concedersi una vacanza per motivi di salute dimostrava la sua intenzione di non ritornare in carica. E così fu, visto che l'incarico di presidente del Consiglio passò nelle mani del membro più anziano del governo, Hirtsiefer del Centro[274].

---

[272] H. SCHULZE, *La Repubblica di Weimar*, op. cit., p.463.

[273] E. EYCK, *Storia della Repubblica di Weimar*, op. cit., pp.737-738.

[274] *Ibidem*, p.738.

Nella conferenza stampa, tenuta da von Papen subito dopo il giuramento, il cancelliere affermò che il suo governo si prefiggeva di svolgere «una politica estera che prenderà ispirazione e motivo dall'ordine e dalla disciplina all'interno [...]»[275]. Quale significato potessero avere queste parole si capì pochi giorni dopo. Schäffer nel suo diario racconta che negli ambienti berlinesi circolavano voci che «il Gabinetto nazionale, con la convocazione immediata del Landtag (prussiano), voleva creare le premesse per l'insediamento di un "Commissario del Reich"»[276]. L'intenzione di von Papen di intervenire in Prussia probabilmente fu dovuta a una sorta d'impegno avuto con Hitler, il quale sosteneva che la polizia prussiana funzionasse come strumento di potere politico a favore dei socialdemocratici[277]. Anche se non ci fu un reale impegno con Hitler, von Papen, con la sua azione, aveva sicuramente intenzione di colpire e soprattutto indebolire la posizione dei socialdemocratici in Prussia. Questa proposta del governo centrale attirò l'ostilità del Centro e le proteste degli altri Länder, che non vedevano una giustificazione legale all'interferenza del Reich nelle questioni interne degli Stati federali[278]. Papen, quindi, rimandò il suo piano di liquidazione del governo prussiano[279]. Molto più urgente sembrò in quel momento esaudire la terza delle tre richieste operate da Hitler: la revoca del bando delle milizie nazionalsocialiste. Il 14 giugno, con un decreto firmato dal Presidente della Repubblica, fu revocata la proscrizione delle SA e delle SS, restituendo alle milizie naziste la possibilità di riprendere "legalmente" la loro attività intimidatoria verso i nemici politici. Era la resa del Reich di fronte alla prepotenza, peraltro accresciuta, di queste organizzazioni paramilitari. La promulgazione del decreto provocò reazioni da gran parte dei Ländtag tedeschi, riaccendendo soprattutto il tradizionale antagonismo tra il Länd bavarese e il

---

[275] "Il Messaggero", 3/6/32.

[276] Dal diario di Hans Schäffer, in riferimento a un colloquio tenuto il 6/6/32 con Max Reiner, cit. in M. BROSZAT, *Da Weimar a Hitler*, op. cit., p.223.

[277] Cfr. E. EYCK, *Storia della Repubblica di Weimar*, op. cit., p.738.

[278] *Documents on British Foreign Policy*, vol. III, n. 130, p.169.

[279] Cfr E. EYCK, *Storia della Repubblica di Weimar*, op. cit., p.738.

governo centrale. Il decreto fu seguito da un'ondata di polemiche, ma nessuno Stato si oppose in maniera così forte come la Baviera. Il governo bavarese, il 16 giugno, decise che la proibizione del luglio 1931, che impediva manifestazioni all'aperto, rimaneva in vigore nonostante il decreto presidenziale. La decisione del governo bavarese, adottata anche nel Baden, era irremovibile, in quanto si disapprovava il compromesso di Papen con i nazisti in cambio di una loro tolleranza verso il governo centrale[280]. La reazione dei nazionalsocialisti alla decisione del governo bavarese non tardò a farsi sentire; imponenti manifestazioni di piazza e violenti dibattiti all'interno del parlamento bavarese crearono forti tensioni e il timore di un ripetersi degli avvenimenti del 1923. L'opinione pubblica prese in considerazione la possibilità di un intervento del governo del Reich per ristabilire l'ordine nel Länd. Tuttavia, il 16 giugno avevano inizio a Losanna i lavori della Conferenza per le riparazioni, che permise a von Papen di sottrarsi all'ondata di malcontento diffusa in tutta la Germania.

---

[280] Cfr. G. PRIDHAM, *Hitler's rise to power. The nazi movement in Bavaria 1923-1933*, op. cit., pp.276-277.

4. LA POLITICA DI PAPEN A LOSANNA

4.1 *L'apertura dei lavori*

La conferenza di Losanna ebbe inizio ufficialmente il 16 giugno, ma fu preceduta da un colloquio tenuto a Parigi fra MacDonald, Simon e Herriot, per stabilire la linea di condotta da tenere durante i lavori. All'inizio fu chiaro per tutti che, per risanare l'economia mondiale, era necessario chiudere definitivamente la questione delle riparazioni, legate al trattato di Versailles[281]. In particolare gli Inglesi erano convinti che la Germania non potesse pagare in questo momento e che non avrebbe consentito di fare una nuova promessa per pagare in un futuro imprecisato[282]. Nei colloqui, tenuti a Parigi tra Herriot e la delegazione britannica, si constatò che si sentiva la necessità di uno sforzo comune per aiutare il mondo a uscire dalla crisi[283]. Si trattava, in pratica, di rivedere totalmente le ultime direttive imposte dal piano Young nel 1929.

È importante, però, ricordare che la conferenza di Losanna fu opera dell'instancabile lavoro dell'ex cancelliere Brüning che, attraverso una serie di colloqui avuti all'inizio dell'anno, aveva gettato le linee fondamentali per la partecipazione della Germania a una conferenza internazionale, dove si doveva ridiscutere definitivamente il problema delle riparazioni.

La delegazione tedesca, capeggiata da Papen, era rappresentata anche dal ministro degli Esteri Neurath, accompagnato a sua volta dal suo segretario di Stato von Bülow, dal ministro delle Finanze Schwerin-Krosigk e dal ministro dell'Economia Warmbold. La conferenza fu aperta da una serie di discorsi dei rappresentanti delle più importanti potenze, ma proprio quello di Papen colpì

---

[281] Cfr. H. SCHULZE, *La Repubblica di Weimar*, op. cit., p.464.

[282] *Documents on British Foreign policy*, vol. III, n. 133, p.172.

[283] "Il Popolo d'Italia", articolo di Farinata, 14/6/32.

favorevolmente, sia per la sua ottima padronanza del francese – la decisione di Papen di fare il discorso in francese provocò forti reazioni nell'opinione pubblica tedesca –, sia perché evitò di ripetere la precedente dichiarazione di Brüning che la Germania anche in futuro non sarebbe stata in grado di pagare[284]. Gli obiettivi della strategia tedesca sono tutti contenuti nelle ultime frasi pronunciate da Papen nel suo discorso: «L'attuale periodo impone a noi il dovere di lasciare il passato dietro e di dirigere i nostri pensieri al futuro. Un passo rimane tra noi e l'abisso [...]. Il grande compito storico di questa Conferenza sembra per me essere questo, di emergere finalmente da questo fatale, vizioso circolo, che ha lasciato la sua impronta nel passato, e di chiarire la strada per una positiva collaborazione che può solo assicurare un futuro migliore»[285]. Queste parole dimostravano la volontà della Germania di uscire definitivamente da una posizione subordinata e di ritrovare l'antico ruolo di potenza europea al pari della Francia e della Gran Bretagna.

Il fattore psicologico giocava un ruolo determinante nelle strategie dei singoli paesi; infatti, tutti erano consapevoli che la situazione economica non permetteva alla Germania di completare il pagamento dei debiti, ma era importante, da parte delle delegazioni, far capire all'opinione pubblica del proprio paese che un giorno i tedeschi sarebbero stati in grado di adempiere ai propri obblighi. Questa era, per esempio, la situazione in cui si trovava Herriot, il cui giovane governo doveva tener conto che il popolo francese non avrebbe mai accettato una linea strategica troppo morbida nei confronti della Germania.

---

[284] Cfr. E. EYCK, *Storia della Repubblica di Weimar*, op.cit., p.731.
[285] *Documents on British Foreign Policy*, vol. III, n.138, p.202.

4.2 *La strategia tedesca*

Dopo le prime sedute, la conferenza lasciò spazio alle singole consultazioni tra le varie delegazioni. MacDonald, nominato presidente della conferenza, assunse il ruolo di mediatore, cercando di ricucire lo strappo decennale tra francesi e tedeschi. La Germania faceva molto affidamento alla politica sicuramente più "morbida" dell'Inghilterra; in una lettera di von Papen a MacDonald, il cancelliere, dopo aver descritto le linee generali del programma tedesco, chiedeva che le Potenze si occupassero, in maniera più specifica, dei problemi economici che attanagliavano alcuni paesi europei, e si mostrava sicuro che a Losanna si sarebbe giunti a preparare un piano per la ricostruzione europea[286]. Papen, in una dichiarazione stampa, affermò che «una collaborazione franco-tedesca sarebbe stata assai preziosa» per la rinascita economica dell'Europa[287]; in questo senso riconosceva a MacDonald il ruolo di un onesto mediatore, anche se poi lo "accusò" di aver cambiato atteggiamento verso la fine della conferenza[288].

Importante fu il colloquio tra Papen e Herriot. Papen propose un'idea che poteva avere degli sviluppi storici: in cambio dell'annullamento delle riparazioni, la Germania si sarebbe impegnata per un'alleanza militare con la Francia e uno scambio d'informazioni tra i loro Quartier Generali[289]. Era una proposta di notevole spessore se si tiene conto della secolare ostilità tra i due paesi. Era chiaro il tentativo di creare un clima di fiducia con i francesi, ma la cosa non ebbe un seguito, soprattutto dopo che Papen tornò il 25 giugno a Berlino per consultarsi con gli altri membri del Gabinetto. Tornato dopo due giorni a Losanna, il suo atteggiamento era completamente cambiato, tenendo

---

[286] *Ibidem*, n. 144, p.251.

[287] "Il Corriere della Sera", 26/6/32.

[288] F. VON PAPEN, *Memorie*, op. cit., p.207.

[289] *Ibidem*, p.209.

conto che di questo progetto non fece più parola. Anzi in un colloquio con MacDonald, confermando di aver posto una tale questione, affermò di ritenere quest'idea assurda sia per la Francia sia per la Germania[290]. In questo caso Papen mostrò anche una certa inesperienza in politica estera, poiché un simile progetto sarebbe apparso sicuramente come un tentativo di indebolire l'alleanza franco-britannica.

Inizialmente gli inglesi erano persuasi dall'idea di arrivare all'annullamento delle riparazioni, ma nei colloqui con i francesi si resero conto dell'impossibilità di raggiungere un tale traguardo. D'altronde gli stessi americani spingevano affinché non si arrivasse a un annullamento delle riparazioni[291]. Per altro verso anche le trattative con i tedeschi erano fallite. Infatti, in un secondo colloquio con Grandi, Papen racconta che MacDonald gli avrebbe chiesto se la Germania sarebbe stata disposta ad accettare un *final settlement*, basato sull'emissione di Obbligazioni sulle ferrovie tedesche, operazione che si sarebbe dovuta considerare come un saldo definitivo della Germania verso i suoi creditori[292]. Papen rifiutò, sostenendo che il popolo tedesco non avrebbe mai potuto accettare alcuna proposta di pagamento dei debiti legati alle riparazioni. Nel suo colloquio con Grandi, MacDonald disse: «Ho fatto del mio meglio per convincere Herriot e von Papen l'uno a rinunciare alle riparazioni, l'altro ad accettare un "final settlement" di poca entità. Non vi sono riuscito, e così ho pregato francesi e tedeschi di scontrarsi direttamente»[293].

Già nei primi giorni era stata chiara la strategia di Papen. In una dichiarazione alla stampa, il cancelliere dichiarò che il problema delle riparazioni «non doveva essere l'unico del quale deve preoccuparsi l'attuale conferenza di

---

[290] Cfr. E. EYCK, *Storia della Repubblica di Weimar*, op. cit., p.732.

[291] Gli americani non partecipavano alla conferenza ma, essendo il creditore dei creditori europei, erano assai preoccupati dalle conseguenze che sarebbero potute scaturire da una rivalutazione del problema delle riparazioni.

[292] *Documenti Diplomatici Italiani*, serie VII, vol. IX, p.143.

[293] *Ibidem*, n.114, p.154.

Losanna»[294]. Questo concetto Papen lo ripresentò nel suo primo colloquio con Grandi, dove affermò che le Potenze avrebbero fatto un grosso errore nel ritenere che ci si potesse fermare alla dichiarazione di moratoria tedesca e aveva proposto un *Patto consultivo* con Inghilterra, Francia e Italia, con il quale la Germania si impegnava ad accettare "una tregua politica" per dieci anni, esigendo analogo impegno dalle grandi Potenze[295]. Era una variante della richiesta formulata dai francesi a Brüning un anno prima a Parigi e ripetuta anche a Losanna. In pratica la Francia chiedeva che la Germania sottoscrivesse una simile tregua, e che questo gesto fosse interpretato come un tentativo di revisione dei trattati. Tuttavia, ai tedeschi questo poteva apparire come una seconda accettazione dei trattati di Versailles e posero un categorico rifiuto. Il Patto consultivo aveva anche lo scopo di rimettere in discussione il problema del disarmo – che la Germania tendeva però a rimandare in altra sede – e, soprattutto, l'annullamento dell'articolo 231 del trattato di Versailles, con il quale si accusava solo la Germania delle colpe della guerra. Herriot si oppose energicamente alle condizioni imposte da Papen e dichiarò agli inglesi che riteneva la questione del disarmo e delle responsabilità della guerra separate dalla questione delle riparazioni[296]. I tedeschi dovettero ammettere che non sarebbero riusciti a ottenere l'annullamento totale dei debiti, e che la Germania si sarebbe dovuta abituare all'idea che il pagamento sarebbe durato ancora per alcuni anni, seppure inferiore a quello stabilito dal piano Young.

Sull'ammontare si discusse a lungo finché non si arrivò a stabilire una cifra intorno ai tre miliardi. Ma più che la somma era importante la modalità del pagamento. L'operazione fu affidata alla Banca dei pagamenti internazionali, dove la Germania doveva depositare obbligazioni di pagamento al 5% per l'importo dei tre miliardi concordati. Tuttavia, queste obbligazioni non dovevano essere messe sul mercato prima di tre anni e solo se avessero raggiunto una quotazione minima del 90%. Quest'accordo fu stipulato il 9 luglio e metteva fine

---

[294] "Il Popolo d'Italia", 16/6/32.

[295] *Documenti Diplomatici Italiani*, n.102, pp.132-134.

[296] Cfr. E. EYCK, *Storia della Repubblica di Weimar*, op. cit., p.734.

ai patti stabiliti nel 1930 all'Aja, ricordati poi col nome di piano Young. La ratifica del trattato fu rafforzata da un *gentlemen agreement* tra Gran Bretagna, Italia, Francia e Belgio, con il quale si stabiliva che gli accordi di Losanna sarebbero stati convalidati solo se si sarebbe arrivati ad accordarsi con i loro creditori, cioè gli Stati Uniti. In caso contrario si sarebbe tornati alla situazione precedente a quella stabilita dalla moratoria Hoover.

L'accordo con gli Stati Uniti non fu mai raggiunto e quello che fu stabilito a Losanna non fu mai ratificato. Di conseguenza la Germania non pagò mai quei tre miliardi anche perché la scadenza era stabilita al giugno del 1935 e Hitler era al potere già da due anni.

4.3 *Alcune osservazioni*

La Conferenza di Losanna è oggi ricordata da tutti come quella dove si mise la parola fine alla questione dei debiti di guerra. La conferenza fu importante soprattutto perché modificò notevolmente gli equilibri politici in Europa. "L'Osservatore Romano" parlava della riuscita della conferenza come di «un atto particolarmente importante nella faticosa ricostruzione del mondo»[297]. Il "Corriere della Sera" titolava «Punto e a capo» per rilevare l'importante svolta avutasi dal risultato delle trattative[298].

Gli Stati vincitori si erano dimostrati comprensivi verso le difficoltà economiche della Germania, che si vedeva ormai liberata da un peso che aveva fortemente ostacolato la sua politica estera ed economica. Ma l'aspetto di gran lunga più importante fu, senz'altro, il tentativo di avvicinamento, seppur breve, tra la Francia e la Germania. Sturzo, pochi giorni prima dell'apertura della conferenza, aveva scritto: «Se Francia e Germania si pacificano e s'intendono, il

---

[297] "L'Osservatore Romano", 9/7/32.
[298] "Il Corriere della Sera", 10/7/32.

mondo è salvo; se Francia e Germania continuano nella lotta sorda o aperta, il mondo starà male e la crisi diverrà sempre più aspra»[299]. In effetti, il duro scontro tra questi due Paesi aveva condizionato la pace in Europa durante gli anni Venti, ma ormai le cose sembravano volgere in un altro senso. Certo il tentativo non portò risultati soddisfacenti, ma durante la conferenza colpì la volontà di Papen di raggiungere un'intesa franco-tedesca. Tuttavia fu subito chiaro che, dopo un inizio abbastanza promettente, le vicende avrebbero preso una piega completamente diversa da quella che si aspettava Papen; infatti, l'Inghilterra si oppose a ogni tentativo di riavvicinamento franco-tedesco, e Papen poi dovette riconoscere che i francesi erano interessati solo al problema dei pagamenti e che «[...] ponevano la loro amicizia con la Gran Bretagna al di sopra di ogni riconciliazione con noi»[300]. Era chiaro che il cancelliere tedesco non poteva più sperare di approfittare della conferenza per mettere sul tavolo della discussione anche la questione del disarmo e della revisione di alcune clausole del trattato di Versailles. La fortuna fu dalla sua perché, dopo una prima fase d'intransigenza, i francesi si mostrarono molto concilianti nella questione dei pagamenti; infatti, dopo il fallimento del progetto italo-inglese del "colpo di spugna", fu proprio Herriot a proporre di pagare un "forfait", stabilito poi nella cifra di tre miliardi di marchi. Avevano ceduto entrambi ma, come notò Grandi nel suo rapporto a Mussolini, «i tedeschi avevano ceduto per uno, i francesi per dieci»[301]. Si trattava di un giudizio esatto visto che, con questa formula, le Potenze europee avevano rinunciato al 90% delle loro pretese.

Sotto certi aspetti la conferenza di Losanna ebbe una conclusione abbastanza deludente. Secondo il giudizio di Grandi, questo "forfait" che, la Germania non pagherà mai, servì a Herriot per rientrare in Francia con qualcosa in mano, e illudere così l'opinione pubblica francese[302]. Per la Germania Losanna

---

[299] Articolo pubblicato a Parigi il 15 giugno 1932 su *Politique*, contenuto in L. STURZO, *Miscellanea londinese*, op. cit., p.98-114.

[300] F. VON PAPEN, *Memorie*, op. cit., p.215.

[301] *Documenti Diplomatici Italiani*, serie VII, vol. IX, n.134, p.183.

[302] *Ibidem*, n.139, p.191.

rappresentò certamente la cancellazione dei pagamenti e la possibilità di raggiungere l'indipendenza politica di fronte alle Potenze straniere. La delegazione tedesca era convinta di aver fallito rispetto a quelli che erano stati gli obiettivi prefissi prima dell'inizio dei lavori. Papen, nelle sue memorie, parla di "scacco" ricevuto ma, nonostante ciò, non si può dire che non abbia ottenuto un successo rilevante. Purtroppo per lui l'accoglienza al suo ritorno in Germania non fu assolutamente come il cancelliere si aspettava. La stampa di tutti i partiti sfruttò il risultato di Losanna per fini elettorali, visto l'avvicinarsi delle elezioni politiche. Era la solita storia dell'utilizzare le questioni di politica estera per far trionfare le teorie più radicali[303]. L'aspetto rilevante è che proprio il partito nazionalsocialista, che appoggiava indirettamente questo governo, accusò Papen di essere un debole e di aver ceduto di fronte a Herriot. Il Centro parlò di dilettantismo della delegazione tedesca, mentre, paradossalmente, la stampa socialdemocratica si mostrò favorevole ai risultati di Losanna, poiché riteneva che Papen avesse seguito la stessa strategia, in politica estera, dei precedenti governi democratici[304].

Ma il problema era che, negli ultimi anni, il popolo tedesco, spinto dai movimenti estremisti, si era convinto che la Germania non dovesse pagare più le riparazioni e non avesse più nessun obbligo nei confronti dei Paesi vincitori. Al riguardo François-Poncet disse: «A tal punto lo sciovinismo ha già corrotto gli animi! A tal punto, infine, è generale il desiderio di provare che Papen è un buono a nulla!»[305]. E così accadde, giacché il governo Papen uscì molto indebolito dalla conferenza di Losanna. Il cancelliere cercò di controllare l'ondata di malcontento, dichiarando che non ci si trovava, come molti credevano, a cento metri dal traguardo[306]. Il riferimento era indirizzato evidentemente al Centro e, soprattutto, a Brüning che guidava l'opposizione. Le

---

[303] Cfr. E: EYCK, *Storia della Repubblica di Weimar*, op. cit., p.735.

[304] "Il Corriere della Sera", 10/7/32.

[305] A. FRANÇOIS-PONCET, *Ricordi di un ambasciatore a Berlino*, op. cit., p.31.

[306] "Il Corriere della Sera", 10/7/32.

conseguenze di questi attacchi al governo furono evidenti già nelle elezioni del 31 luglio per il rinnovo del Reichstag.

5. LA LIQUIDAZIONE DELLA PRUSSIA

5.1 *La "guerra civile"*

La scelta di Papen di revocare il divieto alle SA, per rispondere alle richieste di Hitler, si dimostrò per il Paese un disastro. Dal giorno del decreto di revoca, il potere e l'arroganza delle milizie paramilitari naziste si era accresciuto in maniera incontrollata. E di queste prepotenze le SA fecero sfoggio, con un atteggiamento volto a ingigantire l'ostilità dei loro nemici[307]. Per le strade era un continuo sfilare delle uniformi delle SA, ma anche la Reichsbanner e altre numerose milizie di partito non furono da meno. Gli scontri e le sparatorie con la polizia e con le milizie opposte erano diventate all'ordine del giorno; era la «guerra civile mascherata da campagna elettorale»[308]. In un arco di trenta giorni, a cavallo tra giugno e luglio, il bilancio di questi scontri fu di 99 morti e 1125 feriti[309], una cifra assurda se si tiene conto che le vicende interessavano un paese che, anche se solo nominalmente, era retto da un sistema democratico e costituzionale.

Anche all'interno dei singoli Landtag la situazione non era poi tanto diversa; le risse e gli scontri nelle aule parlamentari, in particolar modo in quella prussiana e bavarese, erano diventate una consuetudine. Era chiaro che scene come queste non facevano altro che aumentare, nell'opinione pubblica, la convinzione che quella parlamentare fosse un'istituzione del tutto superata, e che il futuro per la Germania fosse rappresentato da un nuovo "sistema", del tutto diverso da quello precedente[310]. Pochi giorni dopo il decreto presidenziale che

---

[307] E. EYCK, *Storia della Repubblica di Weimar*, op. cit., p.736.

[308] H. SCHULZE, *La Repubblica di Weimar*, op. cit., p.464.

[309] "Civiltà Cattolica", 1971, luglio 1932.

[310] H. SCHULZE, *La Repubblica di Weimar*, op. cit., p.465.

riammetteva le formazioni nazionalsocialiste, la Baviera e il Baden avevano preso delle misure con le quali si vietava di indossare le uniformi politiche, mentre il Württemberg proibì le dimostrazioni di piazza. Queste iniziative dei singoli Länder interferivano con i piani del Reich di mantenere un certo legame con Hitler. Per questo motivo Schleicher spinse affinché fossero rimosse queste restrizioni. Ciò avvenne, visto che il governo del Reich, il 28 giugno, revocò quei divieti di indossare uniformi di partito, coni quali i singoli Länder cercavano di mantenere l'ordine.

L'iniziativa degli stati meridionali aveva particolarmente irritato i nazionalsocialisti, che accusarono il triumvirato Held, Bots e Schmitt – capi, rispettivamente, del governo della Baviera, del Württemberg e del Baden – di essersi prestati alle manovre del Centro e di aver alimentato, ancora una volta, le loro tendenze irredentiste, che li spingevano, a detta dei nazisti, verso la creazione di uno stato cattolico del sud con l'Austria, in opposizione al resto della Germania[311]. Al Riguardo Rosenberg, l'ideologo del partito hitleriano, suggerì di mandare un commissario del Reich in Baviera e di imprigionare il governo bavarese. Questo dimostrava che l'atteggiamento del partito era cambiato nei confronti del federalismo bavarese, e che ora i nazisti si sentivano abbastanza forti da contrastare le autorità bavaresi e da prendere le parti del Reich[312].

5.2 *Gli oscuri preparativi per la presa del potere in Prussia*

Al suo ritorno da Losanna, Papen si recò in visita da Hindenburg, nella sua tenuta a Neudeck. Ufficialmente in questo incontro si sarebbe dovuto

---

[311] Cfr. G. GIORDANO, *La diplomazia italiana e la crisi tedesca del 1932*, B. Carocci Editore, estratto da "Clio", n. 4, 1972.

[312] Cfr. G. PRIDHAM, *Hitler's rise to power*, op. cit., p.278.

discutere dei risultati ottenuti alla Conferenza di Losanna, ma alla fine l'attenzione si spostò verso il problema della ripresa dei disordini interni, cosa che stava particolarmente a cuore al Presidente. «Eravamo preoccupati per la situazione in Prussia» ebbe a dire Papen nelle sue memorie[313]. Questo dimostrava che, nonostante il problema dell'ordine pubblico fosse presente su tutto il territorio del Reich, l'unica preoccupazione era di risolvere, una volta per tutte, il conflitto con il governo Braun. In verità la stampa italiana era convinta che una decisione fosse stata già presa, ma che essa non sembrava «destinata a essere resa nota prima delle elezioni»[314].

Sappiamo che la questione prussiana era stata già posta da Papen all'indomani dello scioglimento del Reichstag, ma era stato tutto rimandato al ritorno del cancelliere da Losanna. Le voci che circolavano in giugno su un eventuale commissariamento della Prussia avevano messo in allarme alcuni stati meridionali. La Baviera, il Württemberg e il Baden, non essendo riusciti anch'essi a formare delle maggioranze all'interno dei singoli Landtag, si trovavano in una situazione simile a quella prussiana. Se avessero permesso al Reich la liquidazione del governo prussiano, essi temevano che la stessa cosa sarebbe potuta accadere loro[315]. Per questo motivo i presidenti dei tre stati meridionali chiesero e ottennero un colloquio con Hindenburg, in cui fu presente anche von Papen. Alle insistenze di Held, il presidente bavarese, che un eventuale intervento del Reich negli affari interni della Prussia poteva essere ritenuto anticostituzionale, Papen rispose, e poi in secondo momento lo fece anche Hindenburg, che al momento non c'era nessun piano d'intervento in Prussia. Tuttavia, aggiunse che una tale azione sarebbe stata giustificabile solo come *ultima ratio* se gli interessi del Reich fossero stati messi in pericolo[316]. L'esito del colloquio, in cui fu discusso anche del problema della riammissione delle camice brune nazionalsocialiste, non aveva assolutamente soddisfatto i rappresentanti

---

[313] F. VON PAPEN, *Memorie*, op. cit., p.223.

[314] "Il Messaggero", 15/7/32.

[315] A. DORPALEN, *Hindenburg and the Weimar Republic*, op. cit, p.338.

[316] *Ibidem*, p.338-339.

degli stati meridionali, che da quel momento videro il governo Papen come un nemico da combattere.

Tornato da Losanna, Papen fu avvertito da Schleicher che si stava preparando un accordo tra Abegg, il Segretario di Stato socialdemocratico, e Caspar, deputato comunista del Landtag prussiano[317]. Papen nelle sue memorie sostiene che «un'alleanza tra i due partiti marxisti non era in alcun modo da escludere e, se fosse stata raggiunta, la situazione sarebbe divenuta molto minacciosa»[318]. La vicenda allarmava Papen, ma la sua preoccupazione maggiore era che i comunisti si impossessassero della polizia prussiana, e questo doveva essere impedito a tutti i costi. In realtà una conversazione tra Caspar e Abegg era realmente avvenuta ma il lontano 4 giugno, e fino al 14 luglio, giorno dell'incontro di Papen con il Presidente, importanti cambiamenti politici in Prussia non se ne erano avuti. Inoltre, a differenza di quello che afferma Papen nelle sue memorie, Abegg non era mai stato un socialdemocratico, ma apparteneva alla schiera dei "democratici tedeschi"; è vero che il suo ministro Severing era socialdemocratico, ma questi non fu mai a conoscenza del colloquio, e tantomeno fu avvertito da Papen che aveva il decreto già in tasca[319]. Ancora una volta le manovre di Schleicher, sostenute da personaggi interni alla Reichswehr, si dimostravano fatali per le sorti della repubblica.

Tuttavia questo non era un pretesto valido per giustificare un intervento in Prussia. In tutto questo nuove difficoltà intralciavano il progetto del cancelliere: infatti, il ministro prussiano Severing emanò un decreto restrittivo contro qualsiasi persona che fosse stata trovata in possesso di armi e proibiva tutte le dimostrazioni politiche per le quali non fosse stata possibile una copertura adeguata della polizia. Questo decreto dimostrava la buona volontà del governo prussiano di mantenere l'ordine e di far rispettare la legge[320].

---

[317] Cfr. H. SCHULZE, *La Repubblica di Weimar*, op.cit., p.465.

[318] F. VON PAPEN, *Memorie*, op. cit., p.224.

[319] Cfr. E. EYCK, *Storia della Repubblica di Weimar*, op. cit., p.739.

[320] A. DORPALEN, *Hindenburg and the Weimar Republic*, op. cit., p.344.

5.3 *Il 20 luglio*

Nonostante le buone intenzioni, il pretesto per l'intervento in Prussia fu trovato molto prima di quanto ci si aspettasse: il 17 luglio ad Altona, il vicino ad Amburgo, si ebbe una vera e propria "guerra civile" tra comunisti e nazionalsocialisti. Gli scontri ebbero inizio in seguito alla provocazione delle bande nazionalsocialiste, che decisero di sfilare attraverso i quartieri comunisti della città. I comunisti risposero all'affronto sparando dalle case e dai tetti, provocando così la reazione dei nazisti. Solo quella domenica si contarono diciassette morti e centinaia di feriti.

Il capo della polizia di Altona era un socialdemocratico. Questi aveva autorizzato per quella domenica alcuni comizi ma ne aveva proibiti altri; non si sentì di vietare quello nazionalsocialista, temendo che l'eventuale divieto venisse revocato dal governo centrale su pressione del partito nazionalsocialista. In verità sulla questione dell'ordine interno la socialdemocrazia prussiana aveva fatto molto nei giorni precedenti, e i loro capi Wels e Breitscheid si erano recati dal ministro degli Interni Gayl per chiedere l'appoggio del Reich contro il prevaricare delle milizie di partito. Gayl rispose che il mantenimento dell'ordine doveva essere una faccenda che riguardava esclusivamente i governi dei Länder[321]. Quando però si verificarono gli incidenti, Gayl fece un passo indietro emanando un decreto con cui si vietavano le manifestazioni in tutto il Reich. In realtà, le vicende di Altona offrivano il pretesto per l'attacco definitivo al governo prussiano.

L'ambasciatore inglese a Berlino, Sir Rumbold, informò, il 20 luglio, Simon di aver avuto un colloquio con Neurath; durante questo colloquio il ministro degli Esteri tedesco aveva ammesso che era stato deciso già una settimana prima che il governo voleva nominare un commissario del Reich in Prussia, in base a delle informazioni secondo le quali i comunisti stavano

---

[321] Cfr. E. EYCK, *Storia della Repubblica di Weimar*, op. cit., p.737.

preparando una rivolta in tutto il Paese. Neurath aggiunse anche che i disordini di Altona erano stati istigati da agenti russi[322]. Questo colloquio dimostrava come Papen e suoi ministri avevano già progettato il colpo in Prussia ma avevano aspettato solo il momento giusto.

Il 20 luglio alle dieci del mattino furono convocati da Papen Hirtsiefer, attuale Primo ministro prussiano al posto del Dr. Braun, e Severing, ministro degli Interni. Il cancelliere informò i ministri prussiani che il Presidente aveva firmato un nuovo decreto con cui egli stesso era nominato commissario per la Prussia, e che avrebbe trasferito i suoi poteri al Dott. Bracht, il sindaco della città di Essen[323]. Severing replicò che egli non avrebbe riconosciuto un decreto palesemente incostituzionale, e che avrebbe ceduto solo con la forza[324]. Papen nelle sue memorie sostiene che lui e Schleicher non si aspettavano che le faccende andassero diversamente e avevano già preso delle precauzioni[325]. Il cancelliere si riferiva soprattutto al decreto già preparato e firmato con cui si proclamava lo stato di emergenza a Berlino e nella provincia di Brandenburgo. A tal riguardo Schleicher nominò il Tenente Generale Rundstedt, comandante del Terzo Distretto militare, suo ufficiale esecutore. Sir Rumbold racconta che un ufficiale della Reichswehr, con due uomini, entrò nel Ministero prussiano nella Wilhelmstrasse e dichiarò il palazzo occupato[326]. Severing, una volta capito che non si sarebbe fatto a meno di usare la forza se fosse rimasto sulle sue posizioni d'intransigenza, si ritirò nei suoi appartamenti privati.

Nel pomeriggio Rundstedt telefonò al capo della polizia di Berlino Albert Grzesinski per informarlo ufficialmente che era stato destituito. Gli appunti di Grzesinski sulle vicende del 20 luglio sono molto precisi. In seguito al

---

[322] Documents on British Foreign policy, vol. IV n. 5, pp.9-10.

[323] Bracht era un ambizioso uomo politico dello Zentrum, legato ai Krupp e all'industria pesante della Renania-Westfalia. Come uomo dello Zentrum aveva ricoperto le cariche di direttore generale del ministero prussiano per l'assistenza sociale e di segretario di Stato del Cancelliere.

[324] *Documents on British Foreign policy*, vol. IV n. 6, p.11.

[325] F. VON PAPEN, *Memorie*, op. cit., p.225.

[326] *Documents on British Foreign Policy*, vol. IV n. 6, p.11.

suo rifiuto – appoggiato dal comandante del reparto di pubblica sicurezza della polizia di Berlino, Heimannsberg, e dal vice-capo della polizia Weiss – di cedere il comando, Grzesinski racconta di aver ricevuto nel suo ufficio la visita di Hauffe, un capitano della Reichswehr, e di alcuni militari mandati da Rundstedt. Di fronte alle proteste sue, di Weiss e di Heimannsberg, Rundstedt rispose, telefonicamente, che gli ordini li aveva ricevuti direttamente da Schleicher. Alle 17,30 i tre funzionari furono arrestati[327]. Nuovo commissario della polizia di Berlino fu nominato Melcher, capo della polizia di Essen e uomo fidato di Bracht. Il giorno dopo il sottosegretario all'ufficio del cancellierato, Planck, dichiarò alla stampa: «i provvedimenti sono da considerarsi come provvisori [...] Quando in Prussia si sarà giunti alla formazione di un governo regolamentare, tutto ciò che è stato deliberato terminerà di esistere»[328]. Le vicende successive dimostrarono che non fu mai data la reale possibilità di creare un nuovo governo autonomo, secondo quelle che erano le libertà concesse ai Länder da uno Stato federale.

5.4 *La fine della repubblica costituzionale*

Il giudizio espresso da "Il Messaggero" sulle vicende prussiane ben chiariva la situazione. Il giornale romano parlava di vera e propria «opera di epurazione»; «quel che è stato inaugurato» prosegue l'articolo «è la dittatura di fatto, se non di nome»[329]. Nell'esporre i motivi della propria azione, il governo tedesco, in un comunicato alla stampa mondiale, affermava che «lo stato di anarchia in Prussia era divenuto insopportabile»[330]. Lo stesso Papen giustificò la

---

[327] Estratti dal diario di Grzesinski, cit. in M. BROSZAT, *Da Weimar a Hitler*, op. cit., pp.226-234.

[328] "Il Popolo d'Italia", 21/7/32.

[329] "Il Messaggero", 22/7/32.

[330] "Il Popolo d'Italia", 21/7/32.

sua azione sostenendo che «il governo era stato costretto a intervenire per il pericolo di una guerra civile»[331]; ma era evidente che l'intenzione del cancelliere e degli uomini di governo era di colpire la socialdemocrazia e di eliminare tutti coloro che sostenevano la repubblica. La dimostrazione di ciò fu la rimozione, il giorno dopo, dei presidenti e dei funzionari delle province della Slesia, Sassonia, Schleswing-Holstein, Hessen-Nassau e di un largo numero di aree municipali, sorrette in precedenza dal partito socialdemocratico[332]. In un radiomessaggio agli americani Papen spiegò che la sua azione era stata necessaria per mettere fine al terrorismo comunista e per riprendere il controllo della polizia che, a suo dire, era nelle mani degli estremisti di sinistra[333]. Sir Rumbold, nella sua analisi delle vicende prussiane, ebbe a dire che una tale spiegazione «era molto poco credibile»[334]. Infatti, l'abolizione del divieto perle SA naziste, che coincise con il ritorno degli scontri di piazza, e il fatto che solo dodici giorni prima delle elezioni politiche si agì per liquidare la coalizione prussiana, incoraggiava a credere che essi temevano che i loro piani potessero essere condizionati dal risultato degli scrutini.

L'aspetto che più sorprese furono la facilità e la rapidità con cui fu liquidata l'amministrazione prussiana. François-Poncet scrisse proprio che ciò che l'aveva sorpreso fu «la docilità e la passività con cui venne accolto il colpo di forza del Governo. Sindacati operai, socialdemocratici, cattolici, comunisti: nessuno si muove»[335]. Era un giudizio giusto e molto è stato scritto sul contegno e sulla passività di Braun e Severing circa le vicende del 20 luglio. È vero che Papen poté fare affidamento sulla Reichswehr, e anche sulle milizie nazionalsocialiste e sullo Stahlhelm, ma il comportamento di Severing piò essere giustificato fino a un certo punto. L'ex ministro degli Interni prussiano aveva ragione quando sostiene di non aver potuto far affidamento su una possibile

---

[331] F. VON PAPEN, *Memorie*, op. cit., p.228.

[332] *Documents on British Foreign Policy*, vol. IV n. 6, p.12.

[333] "Il Messaggero", 30/7/32.

[334] *Documents on British Foreign Policy*, vol. Iv n.6, p.13.

[335] FRANÇOIS-PONCET, *Ricordi*, op. cit., p.34.

mobilitazione generale dei sindacati e degli operai. Lo sciopero generale che bloccò il putsch di Kapp nel 1920 non poteva ripetersi in una situazione del genere, sia perché il proletariato non si dimostrò così unito politicamente, sia perché l'opinione pubblica sbandava in parte verso destra e in parte verso sinistra[336].

Per quel che riguarda la possibilità di una resistenza armata da parte della polizia prussiana, questo era da escludere poiché, una volta emanato il decreto presidenziale, questo gesto sarebbe potuto apparire come un atto rivoluzionario. Inoltre parte delle stesse forze di polizia mostrava una certa simpatia verso la destra e, soprattutto dopo il decreto presidenziale dello stato di emergenza, sottoposti agli ordini della Reichswehr, difficilmente avrebbe obbedito a un comando di Severing[337]. Ma anche se la polizia fosse stata dalla parte di Severing il risultato sarebbe stato una guerra civile, la cui responsabilità sarebbe ricaduta tutta sul partito socialdemocratico.

Nonostante queste valide giustificazioni, la rassegnazione dei ministri prussiani di fronte al colpo di stato di Papen-Schleicher-Gayl resta una cosa su cui riflettere. Era chiaro che la decisone di rimanere passivi non era stata presa nei giorni precedenti, ma era il frutto di anni d'indebolimento politico delle forze che sostenevano la repubblica; il partito del Centro era lontano, sia ideologicamente che da un punto di vista organizzativo, dalla possibilità di difendersi con le armi, mentre i socialisti, avendo perso gran parte della loro vena rivoluzionaria, non erano preparati a un conflitto armato[338]. Il grosso paradosso di questa vicenda era rappresentato dal fatto che queste forze repubblicane, ritenute nemiche dello Stato prussiano, avevano salvato questa entità statale dopo la fine della guerra, mentre ora erano affossate da quelle stesse forze conservativo-agrarie che costituivano il ceto dominante prussiano[339]. Ne è la dimostrazione, l'atteggiamento dei tedesco-nazionali, che raccoglievano nelle

---

[336] Cfr. E. EYCK, *Storia della Repubblica di Weimar*, op. cit., p.742.

[337] Cfr. A. DORPALEN, *Hindenburg and the Weimar Republic*, op. cit., p.345.

[338] *Ibidem*, p.346.

[339] Cfr. H. SCHULZE, *La Repubblica di Weimar*, op. cit., p.469.

proprie fila gran parte di queste forze legate agli ambienti conservatori; attraverso la stampa Hugenberg invitava Papen «a prendere il toro per le corna»[340]. In pratica la strategia di Hugenberg era finalizzata a evitare, a tutti i costi, un accordo tra i nazisti e il Centro, che avrebbe lasciato i tedesco-nazionali fuori dal governo prussiano. L'unica soluzione era la distruzione di ogni forma democratica e parlamentare nell'importante Land orientale. Si cercò solo di salvare i rapporti con il Centro: infatti, la nomina di Bracht a vice-commissario aveva il solo scopo di permettere al governo del Reich di rimanere in buoni rapporti con il partito cattolico[341].

L'unico tentativo di reazione a questo "colpo di stato" fu il ricorso alla Corte superiore di Stato (Staatsgerichthof) di Lipsia, riconosciuta dalla costituzione competente in materia di conflitto tra il Reich e un Land. Il corso dei ministri prussiani fu politicamente appoggiato dai governi della Baviera e del Baden, interessati a che non si verificasse una simile situazione nei loro Länder[342]. La decisione dello Staatsgerichthof arrivò solo il 25 ottobre e non riuscì per niente a risolvere la contesa politica; infatti, la Corte sentenziò che il Reich agì legalmente nell'assumere il potere esecutivo in Prussia, ma la destituzione dei ministri prussiani era ritenuta illegittima. La Corte di Lipsia aveva in parte riconosciuto l'esistenza di un conflitto, ma già dal giorno dell'insediamento del commissario in Prussia gli organi di stampa legati alle forze governative stavano lavorando per presentare all'opinione pubblicale vicende prussiane sotto una certa luce. Questo avveniva anche sulla stampa italiana, palesemente a favore del governo reazionario di Papen; addirittura "Il

---

[340] "Il Messaggero", 20/7/32.

[341] *Documents on British Foreign Policy*, vol. IV n. 6, p.14.

[342] In realtà l'appoggio dei due Länder alla causa prussiana durò molto poco. Infatti, dopo una riunione dei Primi ministri dei vari stati confederati, tenuta pochi giorni dopo l'epurazione del governo prussiano, Held dichiarò che, dopo le assicurazioni fornite da Papen e Gayl, non era il caso di preoccuparsi di un eventuale intervento del governo anche in altri Länder (questa dichiarazione fu pubblicata su "Il Popolo d'Italia" del 26/7/32). Questo non significava che le simpatie della Baviera fossero tutte per Papen, ma era chiaro che in questo modo la lotta per la sopravvivenza dello stato federale andava perdendo interesse.

Messaggero" titolava: «i comunisti infieriscono ad Altona contro le donne e i bambini»[343]. Era evidente l'intenzione, a costo di falsificare la realtà, di addossare tutte le colpe a una sola parte, arrivando così a giustificare un'azione chiaramente illegittima dal punto di vista costituzionale. Lo stesso Papen sfruttò l'interpretazione della Corte di Lipsia sostenendo che la sentenza riconosceva che i provvedimenti presi in Prussia «erano pienamente costituzionali»[344]. Ma, in parole povere, questa sentenza riconosceva l'esistenza di due governi a Berlino, uno retto dal commissario del Reich e l'altro, altrettanto legittimo, retto da Braun. Si trattava di una tragicommedia che passò alquanto inosservata all'opinione pubblica tedesca.

---

[343] "Il Messaggero", 19/7/32.
[344] F. VON PAPEN, *Memorie*, op. cit., p.228.

6. IL NAZIONALSOCIALISMO ALL'ASSALTO DEL POTERE

6.1 *Le elezioni politiche*

In questo clima si svolsero il 31 luglio le elezioni, volute da Papen dopo lo scioglimento del Reichstag. In verità tutta la campagna elettorale era stata accompagnata da manifestazioni ed episodi di violenza senza precedenti nella breve storia della repubblica. Alle violenze verbali degli alti dirigenti nazionalsocialisti durante i comizi si affiancavano le provocazioni e i disordini di piazza istigati dalle SA. Le vicende prussiane avevano distratto l'opinione pubblica, tanto che lo stesso Brüning, che partecipava attivamente alla campagna elettorale quale rappresentante del Centro, appuntò nelle sue memorie che i disordini dei nazisti «furono ignorati»[345].

Si avvertiva nel paese la forte sensazione che il partito nazionalsocialista avrebbe ripetuto, se non addirittura migliorato, il risultato delle precedenti elezioni presidenziali. Strasser, in una delle tante assemblee per la campagna elettorale, dichiarò: «nessuno deve illudersi che le prossime elezioni non portino il nazionalsocialismo al raggiungimento di quelle mete senza di cui non si può governare in Germania. Se dopo il 31 luglio Hitler assumerà il potere quale cancelliere, egli troverà ciò che gli altri non hanno saputo trovare, vale a dire la fiducia»[346]. C'era, quindi, molta sicurezza tra le fila nazionalsocialiste che le elezioni li avrebbero portati alla conquista definitiva del potere. Anche la stampa italiana si mostrava sicura della vittoria di Hitler; il titolo del "Corriere della Sera" «Verso il terzo Reich» era abbastanza esplicito su quelle che erano le previsioni[347].

---

[345] H. BRÜNING, *Mémoires*, op. cit., p.435.

[346] "Il Messaggero", 15/7/32.

[347] "Il Corriere della Sera", 29/7/32.

Nel tentativo di impedire una marcia trionfale della Nsdap, i partiti repubblicani e democratici si strinsero in un'alleanza. Il Centro, guidato da Kaas e da Brüning, si era ormai definitivamente schierato contro Hitler, non solo per motivi politici, ma soprattutto perché vedevano nei nazionalsocialisti i custodi di quei valori tipici del germanesimo, tanto ostili al cattolicesimo[348]. Di parere contrario era la stampa italiana, che vedeva soprattutto nei comunisti il pericolo principale; l'idea era che solo i cattolici avrebbero potuto frenare l'impeto comunista alleandosi con i nazionalsocialisti ma, vista la loro strategia, li si accusava di essersi chiusi in una «intransigenza illimitata», che li portava a ritirarsi nella vecchia coalizione di Weimar[349]. "Civiltà cattolica" vedeva le cose da un altro punto di vista: «chi riguardi soltanto alle cosiddette combinazioni parlamentari, scorge non essere possibile una maggioranza che prescinda dal Centro[...]»[350]. Molto particolare era, invece, la situazione del partito socialdemocratico. L'analisi di Brüning, al riguardo, appare molto precisa. Per l'ex cancelliere la mancanza di una decisa resistenza al colpo di stato in Prussia aveva depresso le masse socialdemocratiche; il risultato fu che una parte prese le armi, un'altra si spostò nel partito comunista, mentre l'ala più moderata, che aveva permesso alla Spd di governare per tanti anni al fianco del Centro cattolico, stava perdendo sempre più il suo peso politico all'interno del partito[351]. Nonostante ciò i leader socialisti speravano di adoperare il colpo di Papen contro la Prussia per far aprire gli occhi degli elettori di fronte al pericolo di una dittatura, e di riemergere con forze nuove dalle imminenti elezioni al Reichstag[352]. Questa strategia, tuttavia, si rivelò un fallimento.

In tutto questo, il timore di una possibile dittatura militare serpeggiava tra i sostenitori della democrazia, tanto da costringere lo stesso Schleicher, in un discorso alla radio tenuto il 26 luglio, a smentire queste voci e a dichiarare di

---

[348] G. GIORDANO, *La diplomazia italiana e la crisi tedesca del 1932*, op. cit., p.390.

[349] "Il Messaggero", 19/7/32.

[350] "Civiltà cattolica", 20/8/32.

[351] Cfr. H. BRÜNING, *Mémoires*, op. cit., p.436.

[352] Cfr. A. DORPALEN, *Hindenburg and the Weimar Republic*, op. cit., p.347.

«essere contrario a una dittatura, come pure all'idea di un governo che si appoggiasse solamente sull'aiuto delle baionette»[353].

L'imbarazzo del governo di fronte alle elezioni politiche era evidente. Il colpo di stato in Prussia era stato voluto da Papen col solo scopo di rompere l'isolamento politico in cui si trovava il suo governo. In un radio-discorso al popolo americano il cancelliere ebbe a dire: «ciò che abbiamo ottenuto è il consolidamento dell'autorità del governo»[354]. In effetti, il dualismo Reich-Prussia aveva sempre rappresentato una grave deficienza strutturale della Repubblica di Weimar, ma il grave abuso di potere operato nel Land più esteso della Germania dimostrava la disperata necessità di Papen di allargare la base politica del suo regime e di ottenere un maggior rispetto da parte nazionalsocialista[355]. Il gabinetto Papen, infatti, era apartitico, non rappresentato da una maggioranza parlamentare, e questo risultava certamente un limite. Era uno dei tanti motivi per cui le vicende andarono diversamente da come si aspettavano Schleicher e Papen. È vero che i nazionalsocialisti fecero del Centro e dei socialdemocratici il loro principale obiettivo in campagna elettorale, ma non risparmiarono attacchi anche al governo e soprattutto al presidente della Repubblica, colpevole di aver tollerato i misfatti del Centro e dei socialdemocratici negli ultimi sette anni[356]. D'altro canto, Papen e Schleicher si rendevano conto che il gabinetto poteva essere rovesciato solo indirettamente dai tedesco-nazionali o dal partito popolare tedesco che, non solo avevano dei rappresentanti all'interno del governo, ma erano anche i gruppi più vicini all'esecutivo dal punto di vista politico e socio-economico, oltre che i maggiori finanziatori essendo rappresentanti degli ambienti industriali.

Gli scenari che si presentavano erano tutt'altro che positivi per Papen. Le possibilità che le elezioni non avrebbero portato una maggioranza parlamentare erano talmente alte che si cercò di prevenire un'eventualità del

---

[353] "Il Messaggero", 27/7/32.

[354] "Il Corriere della Sera", 30/7/32.

[355] Cfr. K.D. BRACHER, *La dittatura tedesca*, op. cit., p.237.

[356] Cfr. A. DORPALEN, *Hindenburg and the Weimar Republic*, op. cit., p.347.

genere. L'ambasciatore inglese a Berlino, Sir Rumbold, in una corrispondenza con Simon racconta di aver avuto la sensazione che se Schleicher avesse fallito nel costituire una maggioranza parlamentare di destra, avrebbe preso in considerazione la soppressione del partito comunista[357]. D'altronde la Kpd svolgeva un ruolo estremamente scomodo sia per il governo che per i partiti repubblicani, essendo chiaramente contraria a una qualsiasi coalizione con il Centro e la Spd. Per altro verso, per evitare la rinascita della vecchia coalizione weimariana, il gabinetto Papen, come notò Renzetti, «non fece nulla per favorire le destre»[358]. Questo giudizio può sembrare esatto se si tenga conto che Papen fissò la data delle elezioni solo il 31 luglio, molto dopo di quelle che erano state le richieste nazionalsocialiste; ma non si può dire che non abbia spianato la strada allo schieramento di destra riammettendo le SA e liquidando lo stato prussiano.

6.2 *I risultati elettorali*

Le elezioni confermarono in gran parte le attese. Rispetto a quelle precedenti, tenute nel 1930, i nazionalsocialisti avevano raddoppiato i propri voti – se si prende come riferimento le elezioni prussiane si era ripetuto, più o meno, lo stesso risultato –, portando al Reichstag 230 deputati (37,3%) e risultando così il più forte gruppo parlamentare. La Spd aveva perduto circa tre punti in percentuale (21,6% invece del 24,5% del 1930), acquisendo 133 seggi. Una parte dei suoi voti erano finiti nella Kpd che conquistò 89 seggi passando dal 13,1% al 14,4%. Avevano tenuto bene il Centro e la Bvp con un miglioramento dal 14,8 al 15,7 (da 87 a 97 seggi). La vera sorpresa fu il crollo, pressoché totale, dei partiti borghesi, costituiti dai tedesco-nazionali, Dvp, il partito dell'economia, Ddp e

---

[357] *Documents on British Foreign Policy*, vol. IV n.7, p.16.
[358] "Gerarchia", settembre 1932.

altre piccole formazioni. Questi, che solo nel 1930 possedevano il 29,3% dei voti, ora se ne ritrovavano appena l'11%. Era evidente che i voti perduti dai partiti borghesi avevano rinforzato la schiera nazionalsocialista, che ora non poteva più nascondersi. Schacht, con una certa ipocrisia, scrisse: «tra queste due date» – elezione del gennaio 1919 e quelle del luglio 1932 – «si compie la rinuncia della borghesia tedesca e del suo governo»[359].

Da qualsiasi punto di vista si vedano queste elezioni, quello che subito si può notare è la dura sconfitta che subì Papen. La stampa italiana parlava di una vittoria a breve termine. Al riguardo si legge sul "Popolo d'Italia": «Egli non avrà bisogno di fare il suo bagaglio e andarsene per far posto a chi ha vinto. Ma ciò può valere per il momento. E dopo? »[360]. Infatti, sappiamo che il cancelliere sciolse il parlamento per ottenerne uno che rispondesse meglio ai suoi scopi; ma se si confronta il nuovo parlamento con quello che egli stesso aveva sciolto in giugno, non si può non accorgersi che la sua situazione era notevolmente peggiorata[361]. Infatti, i risultati delle elezioni avevano sconvolto i piani di Papen e Schleicher. La socialdemocrazia che era stata tanto brutalizzata in Prussia aveva mantenuto bene le posizioni, così come il Centro non era uscito assolutamente danneggiato dall'estromissione del suo maggiore rappresentante dalla carica di cancelliere. Se si tiene conto che i comunisti avevano ottenuto un rilevante successo, era chiaro che le vicende andavano diversamente da come se le aspettavano gli uomini di governo. In verità la stampa italiana sostenne che il Centro e la socialdemocrazia, pur avendo mantenuto le proprie posizioni, avevano però perso in forza e combattività, marciando ormai senza una meta[362]. "L'Osservatore romano", in sostegno del Centro, definì «esagerazioni» quelle della stampa italiana, replicando che neanche al tempo di Bismarck il partito cattolico era uscito tanto compatto da una tornata elettorale[363].

---

[359] H. SCHACHT, *Come muore una democrazia*, op. cit. p.62.

[360] "Il Popolo d'Italia", 2/8/32.

[361] Cfr. E. EYCK, *Storia della Repubblica di Weimar*, op. cit., p.751.

[362] "Il Resto del Carlino", 5/8/32.

[363] "L'Osservatore romano", 6/8/32.

Comunque il progetto di tenere sotto controllo la Nsdap era saltato, in quanto a questo punto Hitler difficilmente si sarebbe accontentato di una posizione subordinata. Certo che una Nsdap forte sarebbe stata gradita a Papen, ma con un tale terremoto i nazionalsocialisti non potevano più essere trattati come strumenti passivi al servizio del governo, della Reichswehr e degli ambienti agrari e industriali[364].

La situazione appariva estremamente complessa. Su "Critica fascista" fu scritto: «[...] qualsiasi compromesso che si escogiti non è destinato a lunga vita, così come non a lunga vita è destinato il parlamento attuale sul quale esso sorgerà»[365]. Infatti, i partiti di destra, non avendo ottenuto la maggioranza, non erano in grado di formare un governo. Particolare era la posizione dei tedesco-nazionali; Hugenberg sperava in una coalizione governativa con i nazionalsocialisti, in cui egli giocasse un ruolo primario. Questa possibilità era fallita e, anche se i nazionalsocialisti si fossero alleati con il Centro, Hugenberg sarebbe comunque rimasto fuori[366]. Anche i partiti di sinistra sarebbero potuti salire al potere se solo il Centro avesse accettato di entrare in una coalizione con i comunisti. Questa era sicuramente una possibilità remota, così come lo era ancor di più una coalizione tra comunisti e nazionalsocialisti, capace anch'essa di formare una maggioranza. La complessità della situazione, quindi, non dava la possibilità di trovare uno sbocco ragionevole. Filippo Bojano, il corrispondente italiano a Berlino, suggeriva in un suo scritto: «Quanto più l'incertezza e l'indecisione aumentavano, tanto più la democrazia scendeva nella fossa che da se stessa s'era scavata»[367]. "Critica fascista" esultante, titolava: «sulla Germania di Weimar è calato il sipario»[368].

---

[364] Cfr. H. SCHULZE, *La Repubblica di Weimar*, op. cit., p.470.

[365] "Critica fascista", n. 16, 15/8/32.

[366] *Documents on British Foreign Policy*, vol. IV n. 8, p. 17.

[367] F. BOJANO, *Sulle rovine di Weimar*, G. Agnelli, Milano 1933, p.151.

[368] "Critica fascista", n. 16, 15/8/32.

6.3 *Le trattative per formare un governo*

All'indomani delle elezioni era evidente che Papen doveva "inventarsi" una maggioranza. Per fare ciò era necessario strappare voti ai nazionalsocialisti, affidando incarichi di governo ad alcuni di essi. In un'intervista rilasciata all'Associated Press, riportata poi da tutti i giornali, Papen sostenne l'idea che era giunto il momento di chiamare i nazionalsocialisti alle responsabilità del governo, di apportare delle riforme al sistema elettorale – introduzione di una Camera alta – e, infine, di formulare un appello al Centro cattolico per impedire la caduta dell'attuale gabinetto[369]. Il compito più urgente era quello, quindi, di sondare le intenzioni di Hitler. A tal scopo fu incaricato Schleicher, essendo in rapporti migliori con i nazionalsocialisti. In realtà le dichiarazioni dei maggiori esponenti del movimento nazionalsocialista erano state molto chiare al riguardo. Goebbels, in un'intervista al "Popolo d'Italia" affermò: «Il nazionalsocialismo è alle porte del potere e non rimane altra cosa che fargli libera la strada»[370]. Rosenberg pochi giorni dopo dichiarò: «È chiaro che noi non pensiamo affatto di entrare a far parte di un governo. O otterremo il comando senza compromessi o continueremo a restare in disparte»[371].

Nonostante ciò Schleicher era sicuro del suo successo, ritenendo che Hitler sarebbe stato soddisfatto di un posto di vice-cancelliere e di una riorganizzazione del gabinetto Papen[372]. Il generale sperava che la partecipazione di elementi della Nsdap nel nuovo governo li avrebbe costretti a dissociarsi dalle SA e dalle SS, venendo a perdere così la vena rivoluzionaria[373]. Infatti, solo pochi

---

[369] "Il Corriere della Sera", 3/8/32.

[370] "Il Popolo d'Italia", 2/8/32.

[371] "Il Corriere della Sera", 5/8/32.

[372] A. DORPALEN, *Hindenburg and the Weimar Republic*, op. cit., p.349.

[373] *Documents on British Foreign Policy*, vol. IV n. 9, pp.22-23.

giorni dopo le elezioni, venticinque persone furono uccise in incidenti di piazza, cinque poliziotti persero la vita e molti furono i feriti.

Le trattative per la formazione di un nuovo governo furono condotte inizialmente con lo stesso metodo che era stato usato nei giorni precedenti alla caduta di Brüning. Lo stesso Brüning sostenne che ci fu un primo incontro tra Schleicher da una parte e Hitler e Strasser dall'altra, senza che Papen ne fosse informato[374]. Si faceva sempre più forte l'ipotesi che Papen fosse rimpiazzato, ma la richiesta di Hitler di essere nominato cancelliere andava contro le aspettative di Schleicher. Il generale, infatti, non era favorevole a cedere troppo potere nelle mani dei nazionalsocialisti, e temeva inoltre che Hindenburg non avrebbe comunque accettato una tale situazione. Il 5 agosto, Schleicher incontrò di nuovo Hitler nel Mecklenburg per esporgli i suoi piani. Hitler non mutò la sua posizione chiarendo, anzi, quelle che erano le sue richieste: cancellierato del Reich e presidenza del consiglio prussiano nelle sue mani, ministeri dell'Interno, della Giustizia, dell'Agricoltura e dell'Aviazione, sia del Reich sia della Prussia, per i suoi uomini, e infine la creazione del ministero dell'educazione e della propaganda, sempre nelle mani di un nazionalsocialista[375]. A questo punto Schleicher si recò a Neudeck, dove si trovava il presidente Hindenburg, ma ottenne da lui solo un secco no. Il generale non aveva scelta, ma rimaneva convinto della necessità di controllare Hitler solo prendendolo nel governo. Di questo sembra fosse persuaso anche Papen, ma entrambi si mostrarono evasivi quando la questione fu sollevata al gabinetto, e Papen addirittura cambiò idea quando Gayl gli fece notare che un governo con a capo un nazista poteva non esser tollerato[376].

Nel frattempo la situazione dell'ordine pubblico si faceva sempre più grave. Gli assassini e gli scontri di piazza erano all'ordine del giorno, e nelle due settimane successive alle elezioni persero la vita più di cinquanta persone. Solo il 9 agosto Papen si decise a emanare un decreto con cui s'instaurava la pena di

---

[374] H. BRÜNING, *Mémoires*, op. cit., p. 436.

[375] A. DORPALEN, *Hindenburg and the Weimar Republic*, op. cit., p.350.

[376] *Ibidem*, p. 351.

morte per chi avesse portato un attacco mortale a un avversario. Al riguardo furono instaurati dei tribunali speciali. Appena due ore dopo l'emanazione del decreto, un grave attentato fu consumato a Potempa, in Alta Slesia. Cinque uomini delle SA entrarono nell'alloggio di un operaio comunista colpendolo a morte. I cinque furono arrestati e condannati a morte dal tribunale di Beuthen il 22 agosto. La sentenza provocò gravi disordini all'interno del Land, e spinse Hitler a indirizzare un telegramma ai condannati che rappresentava una vera e propria dichiarazione di guerra ai principi basilari dello Stato di diritto[377]. In questo telegramma il capo dei nazionalsocialisti scrisse: «Camerati, in occasione di questo spaventoso giudizio capitale mi sento vicino a voi con una fedeltà senza limiti. La vostra libertà è per noi sin d'ora una questione d'onore. La lotta contro un governo che ha permesso tutto ciò è nostro dovere»[378]. La mancanza di coraggio spinse Papen a concedere il 2 settembre la grazia ai cinque di Beuthen, che significava la liberazione dopo che Hitler fosse salito al potere. Era la sconfitta del governo di fronte al terrore politico, e lo stesso Papen, nelle sue memorie, ritenne questo gesto di pietà un «grave errore politico»[379].

6.4 *Il fallimento dei colloqui Hindenburg-Hitler-Papen*

Il 10 agosto Hindenburg rientrò a Berlino. Papen informò il presidente delle richieste di Hitler, ma ottenne da lui solo un rifiuto. I giorni dal 10 al 12 agosto servirono solo a preparare il terreno per l'incontro tra Hindenburg e Hitler. Papen si affrettò anche a convocare i rappresentati dei partiti, per chiarire il punto della situazione. Come affermò "Il Regime fascista" «è notevole che von Papen intenda cominciare la consultazione dai rappresentati del Centro[...].

---

[377] Cfr. E. EYCK, *Storia della Repubblica di Weimar*, op. cit., p. 747.
[378] "Il Regime fascista", 24/8/32.
[379] F. VON PAPEN, *Memorie*, op. cit., p. 238.

Evidentemente il cancelliere, data la posizione di chiave di volta del Centro, vuole approfondire questo punto[...]»[380]. La mattina del 12 agosto Röhm si recò in visita da Papen; sentendosi rispondere dal cancelliere che egli avrebbe parlato solo con Hitler, il capo delle SA andò via aggiungendo che «il partito non accetterà altra soluzione» che il cancellierato[381]. Il pomeriggio stesso Hitler, accompagnato da Frick, si presentò a Papen. La conversazione durò a lungo, ma di fronte alla proposta del cancelliere di offrire al massimo il vice-cancellierato e la presidenza del consiglio prussiano, Hitler rispose che non avrebbe fatto «da parte di violino di spalla a un altro cancelliere»[382]. Papen ripeté che l'offerta di vice-cancelliere serviva a Hinderburg per provare le reali responsabilità di governo del movimento nazionalsocialista. In seguito all'ennesimo rifiuto Papen, temendo che fosse addossata a lui tutta la responsabilità di aver sbarrato ai nazionalsocialisti la strada verso il potere, insistette che l'ultima decisione spettava a Hindenburg[383]. Tirando le somme sulle giornate precedenti al colloquio di Hitler con Hindenburg, «è insolita la parte del cancelliere von Papen, il quale vi conduce da Capo di governo le consultazioni che in tempi normali erano devolute al Capo dello Stato e la conduce in maniera preventiva, e cioè non per risolvere la crisi, ma si direbbe per determinarla[...]»[384].

Alle tre del pomeriggio del 13 agosto Hitler fu invitato da Planck, il segretario di stato di Papen, a recarsi al palazzo presidenziale. Accompagnato da Röhm e da Frick, fu a colloquio con Hindenburg per poco più di venti minuti. In un'atmosfera cordiale il presidente aprì i colloqui chiedendo a Hitler se era pronto, insieme al suo partito, a entrare in un governo sotto il cancellierato di Papen. Hitler replicò che avrebbe accettato solo la leadership del governo e il controllo completo dello Stato. Hindenburg rispose che non era compatibile con

---

[380] "Il Regime fascista", 11/8/32.

[381] F. VON PAPEN, *Memorie*, op. cit., p. 232.

[382] *Ibidem*, p. 233.

[383] Cfr. A. DORPALEN, *Hindenburg and the Weimar Republic*, op. cit., p.353.

[384] "Il Regime fascista", 13/8/32.

la sua coscienza di responsabile dello Stato dare tutto il potere solamente a un partito[385].

La dichiarazione ufficiale sull'esito del colloquio faceva piena luce sul dissidio esistente tra il presidente del Reich e Hitler. Oltre ad annunciare il rifiuto del capo nazionalsocialista si menzionava nella dichiarazione che Hitler avrebbe chiesto la stessa posizione di quella che ottenne Mussolini dopo la marcia su Roma[386]. I nazisti smentirono subito una tale dichiarazione che li metteva in cattiva luce ma Papen nelle sue memorie confermò che lui e Schleicher avevano ben interpretato quelle parole[387].

Le reazioni delle forze democratiche e repubblicane di fronte alla resistenza opposta da Hindenburg a Hitler furono estremamente positive. La giornata del 13 agosto «[...] era destinata a rimanere una data storica nella vita politica tedesca. Essa segnava la resistenza delle vecchie tradizioni prussiane contro il movimento nazionalsocialista[...]»[388]. Ma fu una resistenza di breve durata. Il 14 agosto tra le righe dell'"Avanti" si legge: «con o senza Hitler, il fascismo è già padrone della Germania»[389]. Era un giudizio valido se si tiene conto che i partiti nazionalisti avevano ottenuto il 45% dei consensi nel paese, e che il gabinetto presidenziale aveva un chiaro orientamento a destra. Il fallimento dei colloqui del 13 agosto, secondo Renzetti, fu dovuto a una serie di «equivoci, malintesi e insincerità»[390]. Tuttavia, a ragione, Hindenburg temeva che i piani nazionalsocialisti celassero intenzioni dittatoriali difficilmente controllabili. Sta di fatto che il rifiuto di Hindenburg irritò moltissimo Hitler che era sicuro del fatto suo quando pensava all'enorme massa degli elettori che lo avevano appoggiato[391]. Nello stesso tempo però si creò una frattura all'interno

---

[385] *Documents on British Foreign Policy*, vol. IV n. 14, p.32.

[386] Cfr. E. EYCK, *Storia della Repubblica di Weimar*, op. cit., p.753.

[387] Cfr. F. VON PAPEN, *Memorie*, op. cit., p.234.

[388] G. GIORDANO, *La diplomazia italiana e la crisi tedesca del 1932*, op. cit., pp.391-392.

[389] "Avanti", 14/8/32.

[390] "Gerarchia", settembre 1932.

[391] Cfr. E. EYCK, *Storia della Repubblica di Weimar*, op. cit.,p.753.

del partito nazionalsocialista. Prendeva, infatti, il sopravvento l'ala sinistra del partito, guidata da Strasser, che combatteva il governo, al contrario dell'ala nazionalista che maggiormente s'identificava, dal punto di vista ideologico, con il ministero Papen[392]. Anche le milizie delle SA si mostravano irrequiete, non volendo più aspettare che maturassero i tempi per la presa definitiva del potere. Nonostante il difficile compito Hitler, aiutato da Röhm, riuscì a convincere i militanti nazionalsocialisti a desistere di fronte alla tentazione di prendere le armi[393]. Anche se con difficoltà passò la linea di Hitler di continuare la lotta dal punto di vista legale. In un'intervista pubblicata il 17 agosto Hitler dichiarò: «il partito lotterà, e i metodi saranno determinati dal metodo di lotta degli avversari»[394].

Con il fallimento dei colloqui, come sostenne François-Poncet, «termina il periodo della benevolenza per i nazisti e riprende la lotta»[395]. La resa dei conti era ormai vicina e l'apertura del Reichstag, prevista per il 30 agosto, metteva il governo di fronte a una situazione senza via d'uscita.

---

[392] G. GIORDANO, *La diplomazia italiana e la crisi tedesca del 1932*, op. cit., p.393.

[393] Cfr. A. DORPALEN, *Hindenburg and the Weimar Republic*, op. cit., pp.355-356.

[394] "Il Regime fascista", 17/8/32.

[395] A. FRANÇOIS-PONCET, *Ricordi*, op. cit., p.36.

7. La fine del parlamentarismo in Germania

7.1 La riapertura del Reichstag

Il 15 agosto, due giorni dopo il colloquio di Hitler con Hindenburg, Papen s'incontrò con il governo. Il cancelliere riferì dei risultati dei colloqui con i nazionalsocialisti e ripeté che era fuori questione lasciare lo Stato nelle mani di Hitler. L'attenzione si spostò subito su quello che sembrava il problema più incalzante: la disoccupazione. Papen era convinto che l'unico modo per ottenere l'appoggio delle masse fosse di migliorare l'economia del paese e, soprattutto, riportare un successo per quel che riguardava la disoccupazione[396]. Il governo fu d'accordo con lui e pose come priorità la preparazione di un piano di misure economiche.

Il tempo non correva a favore di Papen, e il 28 agosto il cancelliere presentò il suo piano economico alla nazione. In un discorso tenuto all'Associazione westfaliana degli agricoltori e dei contadini, Papen espose la sua linea: «Vogliamo gettare le fondamenta per la ricostruzione dello Stato germanico. [...] Ciò richiede che lo stato sia organizzato sulla base dell'autorità»[397]. Il cancelliere, quindi, ribadiva la necessità di riorganizzare lo Stato su basi conservative e autoritarie, ma escludeva anche ogni possibile partecipazione dei nazisti a un tale progetto. Il suo discorso, pronunciato a soli pochi giorni dal verdetto di Beuthen, era anche un chiaro attacco agli eccessi nazionalsocialisti e alla pretesa di Hitler di porsi a capo della nazione.

Due giorni dopo Papen, Schleicher e Gayl si recarono a Neudeck per sottoporre il loro piano al presidente. Hindenburg approvò il piano economico, che prevedeva progetti di lavoro già preparati in precedenza da Brüning ma

---

[396] Cfr. A. DORPALEN, *Hindenburg and the Weimar Republic*, op. cit., pp.358.
[397] F. VON PAPEN, *Memorie*, op. cit., p.236.

generalmente diversi da essi, un'estensione del servizio di lavoro volontario e un programma di larga scala per la disoccupazione, stimolato dalla concessione di tassi di credito ai datori di lavoro. Infine erano previste delle riforme costituzionali e amministrative. Durante il colloquio il presidente fu d'accordo con il cancelliere circa il fatto che una coalizione tra Nsdap e Centro, se si fosse materializzata, non avrebbe condotto a niente. Il presidente non credeva che si potesse formare una maggioranza nel Reichstag, così come non voleva avere a che fare con un governo in parte politico e in parte "tecnico"[398]. Era evidente l'intenzione di sciogliere il parlamento ancora una volta. In realtà Sir Rumbold, in un colloquio avuto il 22 agosto con Papen, riferì al cancelliere di aver visto dei rapporti della stampa in cui si affermava che il Centro e i nazionalsocialisti stavano lavorando per formare una coalizione sia al Landtag prussiano che al Reichstag. Papen rispose che non era rimasto molto impressionato da queste conversazioni, e riteneva che ciascun partito operasse per distruggere l'altro partito. Il cancelliere, prosegue Sir Rumbold, aggiunse che solo il presidente poteva nominare il cancelliere e che, non avendo accettato la soluzione proposta da Hitler, c'era la possibilità di una terza combinazione, una mescolanza tra un gabinetto presidenziale e uno parlamentare guidato da Schleicher[399]. Lo stesso Schleicher, in un colloquio con l'ambasciatore italiano a Berlino Orsini Baroni, confermò che il governo attuale, basandosi sulla volontà di Hindenburg, sarebbe andato avanti non curandosi del Reichstag[400]. Tuttavia, gli uomini di governo non erano consapevoli che la loro strategia li portava in un vicolo cieco. Giustamente il Messaggero scriveva il 19 agosto: «Hindenburg, Schleicher, Papen hanno è vero tentato di arrestare la marcia delle camicie brune, ma [...] hanno lavorato nello stesso senso»[401].

---

[398] Cfr. A. DORPALEN, *Hindenburg and the Weimar Republic*, op. cit., p.359-360.

[399] *Documents on British Foreign Policy*, vol. IV n. 18, p.41.

[400] Colloquio riportato in un telegramma di Orsini Baroni a Mussolini il 27 agosto, in *Documenti Diplomatici Italiani*, serie VII, Vol. IX, p.326.

[401] "Il Messaggero", 19/8/32.

Tentativi, tuttavia, di formare una coalizione di maggioranza furono fatti fino all'ultimo; il ministro degli Esteri Neurath confidò all'ambasciatore inglese che il Centro si stava sforzando di convincere il presidente che un accordo con i nazionalsocialisti sarebbe stato possibile, ma che il governo Papen poneva degli ostacoli. Neurath dichiarò che il reale obiettivo del Centro e dei nazionalsocialisti era di sbarazzarsi del governo Papen[402]. L'obiettivo principale del partito cattolico sembrava, in realtà, essere quello di formare un governo con i nazionalsocialisti ma senza Hitler cancelliere. Al riguardo "Il Regime fascista" scriveva: «Il tentativo del Centro cade ormai nel vuoto e serve soltanto a segnare il fallimento definitivo della sua politica. I punti di vista del Centro non corrispondono minimamente ai concetti da cui è animato il presidente, il quale intende risolvere per conto suo la questione del governo»[403].

Nonostante ciò, tutto portava a pensare che il nuovo Reichstag avrebbe avuto vita breve. Il 30 agosto, come previsto dall'art. 23 della costituzione, secondo il quale il Reichstag doveva riunirsi non oltre il trentesimo giorno dalle elezioni, ebbero inizio i lavori parlamentari.

7.2 *La strategia nazionalsocialista*

I lavori furono aperti dalla comunista Klara Zetkin, quale presidente più anziana, ma la cosa che più colpì fu l'ordine che i nazionalsocialisti osservarono nell'aula, per non offrire al governo il pretesto di un nuovo scioglimento[404]. Successivamente si passò alla nomina del presidente del Reichstag e, secondo la consuetudine, doveva essere nominato un rappresentante del partito più numeroso. Grazie ai voti nazionalsocialisti, del Centro e del partito popolare

---

[402] *Documents on British Foreign Policy*, vol. IV n. 21, p.44.
[403] "Il Regime fascista", 13/8/32.
[404] Cfr. E. EYCK, *Storia della Repubblica di Weimar*, op. cit., p.753.

bavarese fu eletto Göring, mentre le tre vice-presidenze furono date a un tedesco-nazionale, a un rappresentante del Centro e a uno del partito popolare bavarese. A questo punto la tolleranza nazionalsocialista era già stata lasciata da parte, poiché nessun deputato socialdemocratico ottenne una vice-presidenza. Da parte sua il Centro aveva votato Göring non per facilitare la formazione di una maggioranza e sostenere così il governo ma, come affermò François-Poncet per «giocare un tiro a Papen»[405].

Il successivo discorso di Göring, indirizzato soprattutto a Hindenburg e basatosi su una pseudo-coalizione con i partiti cattolici, voleva dimostrare che il Reichstag disponeva di una solida maggioranza e che non vi erano i presupposti per un nuovo scioglimento. Göring però si sbagliava poiché subito dopo prese la parola Gräf, il vice-presidente tedesco-nazionale, che lo accusò con il suo discorso di ricordare il vecchio parlamentarismo e dichiarò apertamente il suo appoggio al presidente del Reich e al governo Papen. Il fronte di Harzburg si era definitivamente sgretolato e non poteva che manifestarsi in maniera più clamorosa[406].

La dimostrazione che il discorso di Göring andò a vuoto fu quando il 4 settembre Hindenburg firmò il decreto "per la ripresa dell'economia", scavalcando per l'ennesima volta il parlamento. Questo provvedimento penalizzava soprattutto i nuovi lavoratori che potevano essere assunti anche con salari più bassi. Le proteste da parte dei sindacati e dei partiti socialisti non tardarono a farsi sentire[407], e le tensioni che ne scaturirono si sarebbero avvertite nella successiva seduta del Reichstag, convocata per il 12 settembre.

Nel frattempo le trattative tra nazionalsocialisti e Centro continuavano, ma le discussioni avvenivano con grande riserva. "Civiltà cattolica" scriveva: «sembrava che andassero spianandosi le difficoltà di intesa col Centro»[408]. Sir Rumbold riferì che il ministro olandese, con cui aveva avuto un colloquio, era

---

[405] A. FRANÇOIS-PONCET, *Ricordi*, op. cit., p.37.

[406] E. EYCK, *Storia della Repubblica di Weimar*, op. cit., p.754.

[407] Cfr A. DORPALEN, *Hindenburg and the Weimar Republic*, op. cit., p. 361.

[408] "Civiltà cattolica", 1973, 3/9/32.

convinto che il cardinale Pacelli stesse usando la sua influenza per convincere il Centro a trattare con i nazionalsocialisti[409]. Erano certamente ipotesi, poiché non si è mai riuscito a sapere realmente come si svilupparono gli eventi. Ma era chiaro che un accordo poteva apparire vantaggioso per entrambi i partiti; Renzetti sosteneva che il Centro in particolare aveva tutto l'interesse di accordarsi con i nazionalsocialisti «per non venire eliminato quale fattore politico»[410]. È difficile dire se un accordo sarebbe stato possibile se si fosse avuto più tempo; infatti, lo scioglimento del Reichstag era imminente. "Il regime fascista" formulava un'ipotesi: «Si ha l'aria di approfittare del fallimento delle trattative dei nazionalsocialisti con il gabinetto Papen per indurre il partito quasi a compensarsi con il Centro in Prussia della perduta occasione di inserirsi nel gabinetto Papen»[411]. Era un'ipotesi plausibile se si tiene conto che fino al giorno precedente all'apertura del Reichstag si lavorò per creare una maggioranza, e che il governo fece di tutto per dare ai nazionalsocialisti un contentino.

7.3 *La seduta del 12 settembre*

Il 12 settembre il Reichstag si riunì di nuovo, convocato da Göring nella precedente sessione. Ci fu una nuova proposta del Centro per un cancelliere non nazista, ma fu respinta dallo stesso Hitler. Una volta aperta la seduta, prima ancora che si potesse leggere l'ordine del giorno, il deputato comunista Torgler propose di modificarlo, schierandosi con il suo gruppo contro il decreto del 4 settembre e chiedendo la mozione di sfiducia per il governo[412]. Si deve tener conto che un cambiamento dell'ordine del giorno sarebbe stato possibile solo se

---

[409] *Documents on British Foreign Policy*, vol. IV n. 18, p. 42.

[410] "Gerarchia", settembre 1932.

[411] "Il Regime fascista", 18/8/32.

[412] Cfr. E. EYCK, *Storia della Repubblica di Weimar*, op. cit., p.755.

nessun deputato si fosse opposto a una tale proposta. A questo punto il protagonista divenne Hugenberg; il capo dei tedesco-nazionali ordinò ai suoi di non obiettare a una simile decisione. Infatti, aveva saputo che il governo stava operando per dissolvere il Reichstag e per forzare un accordo tra il Centro e i nazionalsocialisti sulla scelta di un cancelliere[413]. L'idea che il governo fosse liquidato prima di un eventuale voto di sfiducia piaceva a Hugenberg, ma nella sua strategia non aveva calcolato un imprevisto: Papen non aveva in mano il decreto di scioglimento. In realtà Papen voleva sfruttare questa sessione parlamentare per esporre il suo piano economico, e quindi non aveva previsto un cambiamento dell'ordine del giorno. Nelle sue memorie accusò Göring di aver guidato «una sacrilega alleanza fra comunisti, socialdemocratici e nazisti per presentare un voto di censura per il governo»[414].

In definitiva sarebbe rimasto solo il voto di sfiducia, ma Frick, il leader nazionalsocialista, si alzò per chiedere un'interruzione di mezz'ora per consultarsi con Hitler, e la ottenne grazie anche ai voti del Centro. La posizione del cancelliere era alquanto confusa ma come sostenne Sir Rumbold, presente come osservatore ai lavori della Camera, «fu solo l'azione del Dr. Frick che lo salvò»[415].

Questa interruzione permise al cancelliere di procurarsi il decreto di scioglimento. In realtà questo era stato già preparato in precedenza a Neudeck, ma il nome fu cancellato e sostituito con "Berlino"[416]. Questa vicenda è stata confermata da Brüning, che riferisce come Göring sapesse che Papen si era fatto dare una firma in bianco per sciogliere il Reichstag[417].

Quando la seduta riprese Papen riapparì portando nella mano la famosa cartella rossa, con la quale fin dai tempi di Bismarck si usava portare il decreto di scioglimento. Era chiaro per i deputati che lo scioglimento era imminente ma,

---

[413] Cfr. A. DORPALEN, *Hindenburg and the Weimar Republic*, op. cit., pp.362-363.

[414] F. VON PAPEN, *Memorie*, op. cit., p.246.

[415] *Documents on British Foreign Policy*, vol. IV n.24, p.50.

[416] Cfr. E. EYCK, *Storia della Repubblica di Weimar*, op. cit., p.755.

[417] H. BRÜNING, *Mémoires*, op. cit., p.440.

come racconta il cancelliere, ogni qualvolta tentava di prendere la parola Göring «si voltava ostinatamente verso il lato sinistro della Camera facendo finta di non vedermi»[418]. Era un'evidente violazione dei ruoli del Reichstag che davano il diritto al cancelliere di prendere la parola prima che si passasse al voto di sfiducia. Invece Göring si affrettò a chiamare il voto del parlamento, mentre Papen, ignorato per l'ennesima volta, si avvicinò al tavolo del Reichstagspräsident, mostrò il decreto di scioglimento e abbandonò l'aula con tutto il governo. Göring ignorò anche il decreto e permise la continuazione della votazione. Anche se non aveva valore legale perché ufficialmente destituito, il parlamento votò contro il governo con ben 559 voti, cinque furono gli astenuti e quarantadue a favore[419]. Solo a questo punto Göring prese in considerazione il decreto, ma semplicemente per dichiararlo nullo poiché controfirmato dal cancelliere e dal ministro degli Interni Gayl ufficialmente destituiti dal parlamento. Sull'atteggiamento di Göring come paladino delle istituzioni repubblicane François-Poncet, presente quel giorno alla seduta come tutti i diplomatici, osservò: «Non si potrebbe mettere più sangue freddo e abilità nell'ipocrisia e nell'impostura»[420].

7.4 *Alcune osservazioni*

Quella del 12 settembre può essere ricordata come una delle sessioni più caotiche e piene di colpi di scena, nella storia delle istituzioni parlamentari. Lo stesso ambasciatore inglese Sir Rumbold, presente alla seduta, disse: «Io stesso ho avuto grande difficoltà a comprendere quello che stava accadendo»[421].

---

[418] F. VON PAPEN, *Memorie*, op. cit., p.247.

[419] Cfr. A. DORPALEN, *Hindenburg and the Weimar Republic*, op. cit., p.363.

[420] A. FRANÇOIS-PONCET, *Ricordi*, op. cit., p.38.

[421] *Documents on British Foreign Policy*, vol. IV n. 23, p.49.

Sicuramente gli avvenimenti di quel giorno furono caratterizzati, come scrisse Schulze, da una «grottesca comicità»[422].

Certamente da questa giornata ne uscì un calo di prestigio per tutti i contendenti. Il governo, in particolare, mostrò di trovarsi completamente impreparato al modo in cui si svilupparono le vicende del 12 settembre. La convinzione di poter controllare tutte le forze parlamentari crollò nel momento in cui sia la Nsdap, sia i partiti di Centro, sia i movimenti socialisti votarono la mozione di sfiducia, rovesciando completamente l'ordine del giorno. Eppure Neurath, solo cinque giorni prima, conversando con l'ambasciatore italiano Orsini Baroni aveva mostrato una certa tranquillità e sicurezza circa la situazione parlamentare tedesca[423]. Papen, dal canto suo, perse quel poco di credibilità che ancora gli rimaneva. Sulla vicenda del cambiamento dell'ordine del giorno si giustificò, nelle sue memorie, sostenendo che «era stato colto di sorpresa»[424]. Ma se era riuscito a cavarsela grazie alla sospensione richiesta da Frick, non molto edificante fu per lui il modo in cui permise a Göring di non concedergli la parola prima del voto di sfiducia. Certamente il presidente della Camera aveva violato il diritto, sancito dall'articolo 33 della costituzione, che dava la possibilità al cancelliere di prendere la parola in qualsiasi momento, ma non c'è dubbio che Papen «passò alla storia come il primo cancelliere tedesco che non prese mai la parola al Reichstag, e che la sola volta che la chiese non la ottenne»[425]. La sua colpa fu di non capire con chi aveva a che fare, dimostrando anche di non possedere particolari capacità politiche per regolarsi in merito. Apparentemente il ruolo di Papen risultava di secondo piano. Già il 9 agosto, prima dei colloqui di Hindenburg, il Corriere della Sera aveva scritto: «che von Papen resti cancelliere o se ne vada non è cosa di primaria importanza per la configurazione del nuovo gabinetto. Essa dipende da tre persone: Hindenburg, Hitler, Schleicher»[426].

---

[422] H. SCHULZE, *La Repubblica di Weimar*, op. cit., p.473.

[423] *Documenti Diplomatici Italiani*, serie VII, vol. IX, p.352.

[424] F. VON PAPEN, *Memorie*, op. cit., p.246.

[425] E. EYCK, *Storia della Repubblica di Weimar*, op. cit., p.756.

[426] "Il Corriere della Sera", 9/8/32.

Singolare fu anche la strategia adottata da Hitler. I nazisti si trovavano di fronte a un dilemma; sapevano che i tedesco-nazionali li avevano traditi, in quanto, sostenendo il governo, avrebbero dovuto ostacolare la mozione comunista, ed erano costretti a votare con i comunisti. La cosa ripugnava Hitler, ma era prioritario rovesciare Papen prima che il governo sciogliesse il Reichstag[427]. Era un atto irresponsabile ma Hitler era disposto a tutto pur di salire al potere. Ne è testimonianza il comportamento di Göring che abusò palesemente dei poteri a lui accordati e, pur innalzandosi a difensore del Reichstag e delle istituzioni parlamentari, agì in maniera anticostituzionale. Il Corriere della Sera analizzava le vicende da un altro punto di vista: «i socialnazionali con la tattica usata oggi dal Presidente Göring sono riusciti nel loro intento: quello di mostrare all'opinione pubblica tedesca quale meschino appoggio abbia il gabinetto Papen [...]»[428]. Giudizio valido, se s'interpreta in base agli interessi nazionalsocialisti, ma discutibile, su basi etiche e giuridiche.

Può sembrare strano che i partiti che negli anni passati avevano sostenuto la Repubblica, e in particolare il Centro, avevano appoggiato un'iniziativa dei comunisti; ma gli interessi di parte, paradossalmente, convergevano tutti verso l'eliminazione del governo Papen. Lo stesso cancelliere nelle sue memorie scrisse: «Non comprenderò mai come uomini quali Brüning e Kaas abbiano potuto permettere ai loro compagni di unirsi ai comunisti e ai nazisti [...]»[429]. In realtà sappiamo che il Centro, i cui maggiori rappresentanti ancora lavoravano per un possibile accordo con i nazionalsocialisti, aveva dichiarato "guerra" a Papen, reo di aver permesso la caduta del governo Brüning; ma, contemporaneamente, non accettava la strategia del cancelliere di governare senza il parlamento, escludendo apriori ogni intervento dei partiti nella vita politica del paese. È da notare, tuttavia, che, come suggerì Brüning, «per la prima

---

[427] Cfr. W. SHIRER, *Storia del Terzo Reich*, op. cit., p.266.
[428] "Il Corriere della Sera", 13/9/32.
[429] F. VON PAPEN, *Memorie*, op. cit., p.247.

volta nella sua storia il Centro aveva approvato una mozione di sfiducia contro il governo e che per di più era una mozione comunista»[430].

I partiti di sinistra, dal canto loro, già fortemente danneggiati dal colpo di stato in Prussia, non potevano accettare un piano economico, quale quello presentato dal governo, che penalizzava soprattutto i lavoratori. L'opposizione decisa verso una simile politica non era che una naturale conseguenza del timore di perdere gran parte della loro base elettorale.

Al di là di quelli che erano gli interessi di partito è necessario fare alcune considerazioni importanti. Che la votazione fosse stata valida oppure no, era un dato inconfutabile che i 512 voti di sfiducia dimostravano che questo governo era «isolato come nessun governo del Reich era mai stato prima d'ora»[431]. Giustamente Renzetti aveva scritto: «con i centomila soldati della Reichswehr e con l'appoggio di Hindenburg soltanto, non si può certo governare a lungo [...]»[432]. Sulla base della dottrina politica abbracciata da questo governo, non era importante fare affidamento sul Reichstag e su una maggioranza presente in esso. La strumentalizzazione dell'articolo 48 della costituzione permetteva agli uomini di governo di scavalcare apertamente la volontà popolare, ma sappiamo anche che le misure adottate in caso di emergenza dovevano essere considerate temporanee e come tali revocabili dal Reichstag. Le vicende del 12 settembre erano la prova evidente che il modo in cui fu preparato il decreto di scioglimento innalzava il presidente Hindenburg a legislatore assoluto, con il potere di trasformare un provvedimento provvisorio in duraturo[433]. Il pericolo che il parlamento non votasse a favore del decreto del 4 settembre era stato la giustificazione per lo scioglimento; ma se questo era giusto da un punto di vista tecnico, non lo era da un punto di vista sostanziale[434].

---

430 H. BRÜNING, *Mémoires*, op. cit., p.441.

431 E. EYCK, *Storia della Repubblica di Weimar*, op. cit., p.757.

432 "Gerarchia", settembre 1932.

433 Cfr. E. EYCK, *Storia della Repubblica di Weimar*, op. cit., p.757.

434 A. DORPALEN, *Hindenburg and the Weimar Republic*, op. cit., p.363.

Durante il successivo incontro tra Hindenburg, Göring e Papen, circa la legalità della dissoluzione, il presidente del Reichstag dovette accettare l'inevitabile provvedimento, costretto dalle dure parole di Hindenburg: «I problemi dei quali la Commissione di Vigilanza del Reichstag si è occupata non sarebbero mai sorti se ella, come la costituzione prescrive, avesse dato la parola al cancelliere per la lettura del mio decreto di scioglimento»[435]. In Germania si parlava di una vittoria del governo dei baroni, mentre il vinto doveva essere Hitler. Ma l'illusione che ci si avviasse verso un ripristino della democrazia mostrava quanto fossero deboli quelle forze che ancora difendevano la repubblica. L'"Avanti", molto polemico verso l'immobilismo socialdemocratico, parlò di uno «scacco a una forma di fascismo a vantaggio di un'altra forma»[436].

---

[435] "Il Corriere della Sera", 14/9/32.
[436] "Avanti", 4/9/32.

8. La caduta del governo Papen: la Germania verso il Terzo Reich

8.1 *Il quadro politico all'indomani dello scioglimento del Reichstag*

Sciolto il Reichstag, a Papen sembrava che fosse il momento giusto per presentare un programma di riforme del sistema elettorale. La sua preoccupazione era che con il sistema elettorale presente in Germania era impossibile assicurarsi una maggioranza parlamentare[437]. Quella elettorale rientrava, tuttavia, in un più ampio progetto di riforma dello Stato e della Costituzione. Infatti, il cancelliere, parlando a Monaco durante la campagna elettorale, auspicò l'avvento di un governo «forte e autoritario, indipendente dai partiti e non dipendente da maggioranze occasionali»[438]. Pur non amando il sistema parlamentare, Papen si rendeva conto che non poteva affrontare una nuova tornata elettorale senza un certo consenso. Tuttavia, i tempi tecnici per far svolgere un referendum – giacché la costituzione costringeva a nuove elezioni entro sessanta giorni dallo scioglimento del Reichstag – non c'erano, mentre Schleicher e Gayl, con la maggior parte dei ministri, non ritenevano che la popolazione fosse ancora pronta per una modificazione della costituzione. Solo un decreto di emergenza avrebbe permesso una modificazione della legge elettorale, ma il gabinetto assicurò che non intendeva prendere alcuna misura speciale. Von Gayl, in un'intervista, assicurò che le elezioni sarebbero potute

---

[437] A. DORPALEN, *Hindenburg and the Weimar Republic*, op. cit., p.364.

[438] "Il Corriere della Sera", 13/10/32. Il quotidiano italiano commentò così quelle parole: «Da tredici anni non si pronunziava in Germania un discorso così nettamente antiparlamentare e così schiettamente nazionale da un'autorità politica coprente tale ufficio».

essere indette «solo quando regnino in Germania l'ordine e la quiete [...] Per il momento non riteniamo sia il caso di prendere misure eccezionali»[439].

In pratica, come sostenne Papen nelle sue memorie, «il governo non si trovava in una posizione più felice di quella che aveva al momento delle precedenti elezioni [...]»[440]. Si prese in considerazione la possibilità di formare un nuovo partito che appoggiasse in pieno il governo dei baroni, ma mancava sia il tempo che una reale volontà, tenendo conto inoltre che una simile idea andava contro ogni strategia applicata dal governo stesso di mantenersi libero da ogni legame con i partiti. La vera debolezza del governo Papen è, come riferì Sir Rumbold, il fatto che «le persone che volessero appoggiarlo, e che sono in numero crescente, non saprebbero come votare»[441]. L'unico modo, per quegli ambienti moderati e liberali, di appoggiare il governo era di votare per i tedesco-nazionali, che rappresentavano l'unica forza politica che in un certo senso tollerava il governo. Anche Renzetti sosteneva che «il gabinetto non può in due mesi formarsi una base popolare per poi presentarsi alle nuove elezioni con candidati propri»[442]. Renzetti, tuttavia, riteneva un'alleanza con i nazionalsocialisti necessaria per l'esecutivo.

I nazionalsocialisti, dal conto loro, stavano considerando una situazione di *impeachment* nei confronti di Hindenburg, nel caso di una decisione di spostare la data delle elezioni. Poiché il governo fissò la data per il 6 novembre, ultimo giorno utile previsto dalla costituzione, i nazisti esplorarono altre strade per discreditare il presidente[443]. Si pensò di attaccarlo sulla questione prussiana. Il grande Land orientale non aveva ancora risolto il problema di chi dovesse governare dopo il periodo di commissariamento e, al riguardo, i nazionalsocialisti, sostenuti dai comunisti, presentarono una risoluzione diretta ai funzionari prussiani di ignorare le direttive del commissario del Reich. Si cercava

---

[439] "Il Corriere della Sera", 19/9/32.

[440] F. VON PAPEN, *Memorie*, op. cit., p.249.

[441] *Documents on British Foreign Policy*, vol. IV n. 25, p.53.

[442] "Gerarchia", settembre 1932.

[443] A. DORPALEN, *Hindenburg and the Weimar Republic*, op. cit., p.364.

un elemento d'illegalità, e Hitler strumentalizzava la questione prussiana per ricattare in un certo senso Hindenburg, per costringerlo ad acconsentire alla sua nomina a cancelliere[444]. Prendeva sempre più piede nel paese la convinzione, espressa anche da Meissner, che ogni cosa dipendesse ormai dalla vita del presidente; se questi fosse morto ci sarebbe stato il caos in Germania[445]. Von Beckerath su "Gerarchia" sosteneva che erano «tragici errori» quelli che portavano i nazionalsocialisti a opporsi al presidente del Reich. In pratica era paradossale, sosteneva von Beckerath, che il nazismo era partito per distruggere il parlamentarismo, mentre ora prende le sue difese e lascia al governo il compito di realizzare il suo programma[446].

Tutte queste strategie dovevano però fare i conti con una campagna elettorale difficile, in cui ogni partito si giocava una buona fetta della propria credibilità di fronte al paese.

8.2 *La campagna elettorale*

La situazione economica in cui si trovava la Germania, durante la campagna elettorale, dimostrava quanto erano necessari dei provvedimenti governativi, che frenassero la disoccupazione e aiutassero le industrie a superare il lungo periodo di crisi. Il piano economico del governo, presentato il 4 settembre con un decreto d'emergenza e che prevedeva l'emissione di "buoni per le tasse", aveva sollevato proteste, un po' da parte di tutte le forze politiche e sociali: dai partiti di sinistra perché penalizzava i lavoratori con salari più bassi; da parte degli industriali perché prevedeva progetti illimitati di creazione di posti di lavoro. Era indubbiamente un piano economico profondamente diverso dalla

---

[444] *Ibidem*, p.364.

[445] *Documents on British Foreign Policy*, vol. IV n. 27, p. 58.

[446] "Gerarchia", ottobre 1932.

politica deflazionistica messa in atto dal precedente governo Brüning[447]. Heinrich Irmler, collaboratore della Reichsbank nel 1937, scrisse: «Per la prima volta lo Stato mostrò di preoccuparsi della congiuntura, realizzando qualcosa di analogo a uno sgravio fiscale»[448]. Infatti, essa rappresentava una novità, anche se, per scarsezza di mezzi economici, i suoi benefici si sarebbero potuti osservare solo nel1933. Certo la fine dell'annoso problema delle riparazioni aveva, in buona parte, risollevato le sorti economiche tedesche, ma non si può non riconoscere che il piano presentato dal governo Papen appariva in generale abbastanza positivo. Esso prevedeva, attraverso delle grosse agevolazioni per le industrie, un calo della disoccupazione dagli attuali sette a circa cinque milioni, durante tutto l'arco invernale. L'idea dei buoni per le tasse fu ritenuta da Schacht «apprezzabile», ma l'ex presidente della Reichsbank osservava come questo progetto avesse due limiti sostanziali: la mancanza di fondi sufficienti e i tempi troppo lunghi perché si vedano dei risultati[449]. Il problema delle risorse fu risolto, con non poche difficoltà come sostenne lo stesso Papen, grazie al prestito di circa due miliardi di marchi attuato dalla Reichsbank.

In realtà, già Brüning aveva preso in considerazione l'emissione di buoni d'imposta ma rimase sulla sua ostinata politica deflazionistica, sbagliando nel «considerare sullo stesso piano l'inflazione e una politica creditizia espansiva in presenza di crisi occupazionale»[450]. Una svolta così radicale nella politica economica fu dovuta, secondo Schwerin von Krosigk – allora ministro delle Finanze nel gabinetto Papen –, «al mutamento nell'atteggiamento della popolazione»[451]. Un fattore psicologico determinò, quindi, la feroce opposizione dei nazionalsocialisti, poiché una riduzione dei tassi di disoccupazione sarebbe

---

[447] H. SCHULZE, *La Repubblica di Weimar*, op. cit., p.474.

[448] H. IRMLER, *Crisi bancaria e politica della piena occupazione*, contenuto in *Economia e finanza in Germania 1876-1948*, a cura della DEUTSCHE BUNDESBANK, Laterza, Bari 1988, p.334 .

[449] H. SCHACHT, *Come muore una democrazia*, op. cit., p.78.

[450] *Economia e finanza in Germania 1876-1948*, a cura della DEUTSCHE BUNDESBANCK, op. cit., p.362.

[451] *Ibidem*, p.375.

coincisa con un calo evidente del consenso elettorale verso il partito hitleriano. Anche la posizione della stampa italiana era critica nei confronti del piano economico proposto dal governo tedesco. Alberto De' Stefani, i cui articoli spesso si occupavano delle vicende tedesche, scrisse al riguardo: «von Papen ridotto all'impotenza dal dott. Luther, ha ripiegato su una ricetta di cui si è analizzato lo scarso contenuto»[452]. Un'analisi chiaramente di parte se si considera che lo stesso Schacht riconobbe la validità di un tale piano economico.

In questo clima di crisi economica e con il ripresentarsi del problema prussiano – ricordiamo che solo alla fine di ottobre la corte di Lipsia prese una decisione per il colpo di stato in Prussia – si svolse la campagna elettorale. Quella del 6 novembre era la quinta elezione tenuta in quell'anno, e il paese si mostrava ormai stanco, poco trascinato dall'ennesima campagna elettorale. Anche le oceaniche adunate naziste era quasi un ricordo e tutti i partiti si mostravano chiaramente sulla difensiva. Solo i comunisti misero come fattore prioritario l'opposizione a un'eventuale presa di potere nazionalsocialista[453]. Ogni partito portava avanti le sue proposte, peraltro abbastanza poco realistiche: i tedesco-nazionali sostenevano la continuazione del governo Papen; i socialdemocratici speravano in un ritorno del sistema parlamentare della Repubblica di Weimar; il Centro indicava un vago governo di coalizione con i nazionalsocialisti, come dimostrato dal comizio di Kaiserläutern del prelato Schreiber, deputato centrista al Reichstag: «È un cattivo affare per il popolo tedesco lasciar fuori dal governo un grande movimento come quello diretto da Hitler»[454].

L'unica cosa che saltava all'attenzione di tutti era la mancanza di un partito che appoggiasse, dal punto di vista elettorale, il governo dei baroni, tenendo conto che il consenso verso Papen stava aumentando[455]. Poiché i tedesco-nazionali assumevano un ruolo chiave, in quanti unico movimento in sostegno del governo, i nazionalsocialisti li fecero il loro primo obiettivo in

---

[452] "Il Corriere della Sera", 1/9/32.

[453] A. DORPALEN, *Hindenburg and the Weimar Republic*, op. cit., p.371.

[454] "Il Corriere della Sera", 5/11/32.

[455] Cfr. A. DORPALEN, *Hindenburg and the Weimar Republic*, op. cit., p.371.

campagna elettorale. Sapevano che un consenso più forte lo potevano ottenere solo strappando voti a Hugenberg.

Anche il Centro fu sottoposto ad attacchi continui da parte nazionalsocialista. Brüning ricorda che quest'agitazione fu «molto più violenta delle precedenti elezioni»[456]. Questo perché i nazisti erano coscienti di affrontare una campagna elettorale difficile; le negoziazioni col Centro erano state mal digerite da quegli elettori di tendenza chiaramente anticattolica. Per questo motivo si scagliarono contro Brüning e Kaas, i maggiori rappresentanti del Centro. Nonostante le difficoltà, i nazionalsocialisti ostentavano una certa sicurezza circa i risultati elettorali. Il Colonnello Haselmayr, segretario generale dell'ufficio politico militare presso la Casa Bruna, conversando con il console italiano a Monaco Pittalis, prevedeva una situazione di superiorità del partito nazista pressoché inalterata dopo la tornata elettorale. A quel punto, continua Haselmayr, il governo non avrebbe più ragione di ignorare il movimento hitleriano, e non potrebbe ricorrere a nuove elezioni che favorirebbero soltanto i comunisti[457]. Il *leit-motiv* della propaganda nazista era sempre lo stesso; lo stesso Hitler, intervistato dal corrispondente del "Tevere" a Berlino, rilasciò questa dichiarazione: «La Costituzione del Reich mi dà il diritto di salire legalmente al Governo. Il signor von Papen rappresenta un piccolo gruppo di persone e non può né moralmente né politicamente parlare a nome del popolo tedesco»[458].

In una conversazione avuta da Sir Rumbold con il Dott. Meissner a fine settembre, il Segretario di Stato del Presidente prospettava due possibilità se il Reichstag si fosse presentato di nuovo così instabile: la convocazione dell'Assemblea nazionale per modificare la costituzione oppure nuove elezioni su una nuova legge elettorale[459].

---

[456] H. BRÜNING, *Mémoires*, op. cit., p.442.

[457] *Documenti Diplomatici Italiani*, serie VII, vol. IX, n.372, p.496.

[458] Questa intervista fu riportata da tutti i quotidiani italiani, come "Il Corriere della Sera" del 5/10/32.

[459] *Documents on British Foreign Policy*, vol. IV n. 27, pp.56-57.

8.3 *I risultati elettorali: il declino nazionalsocialista*

Il risultato elettorale evidenziò subito una notevole sorpresa: i nazionalsocialisti persero circa due milioni di voti e trentaquattro seggi al Reichstag. Il passaggio dal 37,3 al 33,1% rappresentò una notevole sconfitta, aggravata dal fatto che molti elettori borghesi-conservatori delle aree industriali avevano scelto per la Dnvp o per la Dvp[460]. I veri vincitori furono i comunisti che riuscirono a sottrarre altri elettori alla Spd, passando dal 14,3 al 16,9%. E proprio la Spd mostrava il suo lento declino, scendendo a 121 seggi, così come il Centro aveva perso circa 300.000 voti. La stampa italiana accolse i risultati delle elezioni senza grosse sorprese; addirittura si cercò di sminuire il calo nazionalsocialista. Il "Corriere della Sera" definì gli elettori che avevano abbandonato il partito «una massa amorfa di malcontenti», mentre i dodici milioni di fedeli rappresentavano il frutto di «una selezione e perciò di un rafforzamento»[461]. Anche "Gerarchia" rilevò come «il partito si è epurato di elementi incerti»[462].

Meissner, nel suo già citato colloquio con Sir Rumbold, aveva annunciato che in queste elezioni il partito di Hitler avrebbe perso parecchi seggi, e lo stesso sarebbe successo anche al Centro con il risultato che, se avessero lavorato per costruire una maggioranza, non avrebbero avuto i numeri sufficienti per farlo[463]. Tuttavia, erano i cinquantadue mandati dei tedesco-nazionali che rilevavano l'incertezza all'interno della destra reazionaria, con la non trascurabile variante che una buona parte di voti era passata dai nazisti al partito di Hugenberg[464]. Conti alla mano, come rilevava l'"Osservatore

---

[460] Cfr. H. SCHULZE, *La Repubblica di Weimar*, op. cit., p.475.

[461] "Il Corriere della Sera", 8/11/32.

[462] "Gerarchia", novembre 1932.

[463] *Documents on British Foreign Policy*, Vol. IV n.27, p.56.

[464] Cfr. E. COLLOTTI, *La Germania nazista. Dalla Repubblica di Weimar al crollo del Terzo Reich*, op.cit., p.68.

Romano", «[...] la chiave per una maggioranza di destra è in mano a 52 tedesco-nazionali del partito governativo»[465]. Infatti, gli equilibri erano cambiati rispetto alle precedenti elezioni di luglio; il "Messaggero" poneva l'accento come a questo punto era finito «lo scopo delle trattative tra nazisti e Cattolici [...] i due partiti da soli non formano il cinquanta per cento del Reichstag e dovrebbero servirsi della cooperazione dei tedesco-nazionali [...]»[466]. Per altro verso, la stessa Dnvp non era in grado, con il partito popolare, di gestire una maggioranza, avendo il controllo di soli sessantatré seggi, che sarebbero potuti salire a novantasette con l'aiuto dei partiti borghesi[467]. La situazione, quindi non era poi tanto migliorata rispetto alle precedenti elezioni.

Si è molto discusso se Papen avesse ottenuto oppure no una vittoria in queste elezioni. Se si vede dal punto di vista della sconfitta nazionalsocialista, allora aveva raggiunto uno dei suoi obiettivi, anche se con i suoi 195 seggi Hitler rappresentava pur sempre una minaccia. Così come un buon risultato era il rafforzamento dei partiti che lo sostenevano, indice che certi strati della popolazione approvavano il suo operato. Di vera e propria vittoria del gabinetto Papen non si può parlare, visto che si era definitivamente spenta la speranza di formare una solida maggioranza parlamentare filo-governativa senza l'apporto decisivo dei nazionalsocialisti. Lo stesso cancelliere definì la situazione «[...] seria e la continuazione della vita politica, nel quadro della Costituzione di Weimar, ormai più o meno impossibile»[468]. Un giudizio non veritiero se si considera che Papen si appellava ora a quella Costituzione che lui stesso, con la sua politica, stava affossando. Comunque il cancelliere si trovava in un vicolo cieco, non potendo, da un lato, affidarsi a una maggioranza e, dall'altro, sciogliere di nuovo il Reichstag. Ormai, come scrisse von Beckerath, nell'opinione pubblica tedesca e nei circoli politici si affermava «un profondo scetticismo di fronte al parlamentarismo [...] La ridestata volontà di uno stato autoritario in Germania è

---

[465] "L'Osservatore Romano", 7/11/32.

[466] "Il Messaggero", 8/11/32.

[467] A. DORPALEN, *Hindenburg and the Weimar Republic*, op. cit., p.373.

[468] F. VON PAPEN, *Memorie*, op. cit., p.250.

una di quelle forze che sorreggono il gabinetto Papen»[469]. L'ex ambasciatore tedesco a Roma von Hassell, in un colloquio con il console italiano Pittalis, era certo che il «popolo era stanco d'incertezze e intrighi parlamentari, cari ai partiti come il Centro e la Bvp [...] è ora di finirla con questi sistemi»[470].

8.4 *Gli ultimi giorni del governo Papen*

La sconfitta dei nazisti rese sempre più grave la crisi già presente all'interno del partito. La vicenda del telegramma di Beuthen, i colloqui con il Centro, la violenta campagna nei confronti di Hindenburg e l'incertezza se proseguire la via legale per il raggiungimento del potere, avevano creato una certa reazione da parte di una buona fetta degli aderenti al movimento. Le pretese di Hitler di appropriarsi di tutto il potere attraverso la via legale sembravano, per molti dirigenti nazisti con a capo Strasser, precludere il raggiungimento di un tale obiettivo. Inoltre la leggera ripresa economica nascondeva in sé il pericolo che le masse di elettori recentemente conquistate rifluissero di nuovo nei partiti tradizionali[471]. Alla fine prevalse la strategia di Hitler contro l'opposizione operata da Strasser e i suoi seguaci.

Nonostante ciò, alle difficoltà del partito nazionalsocialista vennero in aiuto quegli uomini che, con intrighi e tenebrose macchinazioni, avevano già dato prova, durante la caduta del governo Brüning, di come fosse forte in Germania la presenza di un potere oscuro e invisibile. François-Poncet evidenziò come in quel paese vi fosse «sempre posto per intrighi e mutamenti sorprendenti»[472]. Era chiaro che il generale Schleicher, dopo un periodo di attesa,

---

[469] "Gerarchia", ottobre 1932.

[470] *Documenti Diplomatici Italiani*, serie VII, vol. IX, n.375, pp.473-474.

[471] K.D. BRACHER, *La dittatura tedesca*, op. cit., p.240.

[472] A. FRANÇOIS-PONCET, *Ricordi*, op. cit., p.39.

era ritornato in scena come protagonista. In realtà i contatti con i nazionalsocialisti non si erano mai interrotti; il "Messaggero", facendo riferimento a fonti giornalistiche e politiche tedesche, riportò la notizia di un incontro tra Schleicher e Strasser a Badenweiler in Baviera[473]. Sembrava che il generale fosse in rotta con il cancelliere fin dal 13 agosto, giorno dei colloqui fra Hindenburg e Hitler. Ansioso di favorire la salita al potere di Hitler, aveva sempre mantenuto stretti rapporti con i nazionalsocialisti. In seguito ai risultati delle elezioni Schleicher propose una serie di negoziazioni: per primo, tra il cancelliere e i partiti, e dopo, tra il presidente e i partiti. Era chiaro che la decisione finale spettava solo a Hitler, il quale continuava a chiedere il cancellierato. In questa situazione Schleicher si faceva da tramite tra i nazionalsocialisti e il governo, mentre l'estromissione di Strasser da questo ruolo mostrava come nessuno dei dirigenti nazionalsocialisti avesse più intenzione di sfidare la posizione di Hitler[474].

Il presidente Hindenburg, convinto anch'egli della gravità della situazione, incaricò von Papen il 10 novembre di dare inizio alle consultazioni con i partiti. L'esito fu negativo. I socialdemocratici rifiutavano un nuovo governo Papen, reo di aver abbattuto lo stato prussiano, ma non erano in grado di proporre un altro candidato. Sicuri di un imminente declino dei nazionalsocialisti, facevano di Papen il maggiore nemico. Il Centro non fu meno determinato nel chiedere le dimissioni del cancelliere. Kaas e Joos, ritenendo che la situazione del paese non fosse molto diversa dal periodo rivoluzionario del 1918, proponevano un governo appoggiato da una maggioranza solida, anche guidata da Hitler e formata dal Centro e dai nazionalsocialisti. In pratica Kaas sosteneva che una tale situazione era preferibile a un governo presidenziale capeggiato dall'impopolare Papen. Questo non significava che il Centro avesse intenzione di accelerare i tempi per un accordo con i nazisti, ma sicuramente era convinto della necessità di estromettere Papen. All'indomani delle elezioni il prelato aveva dichiarato che «il voto del 6 novembre significa una rinuncia

---

[473] "Il Messaggero", 23/10/32.
[474] A. DORPALEN, *Hindenburg and the Weimar Republic*, op. cit., p.373.

distruttiva al sistema attuale»[475]. Lo stesso Brüning, come racconta nelle sue memorie, propose alcune personalità forti alla carica di cancelliere, come Schleicher, lo stesso Kaas oppure Gessler. Ma questa proposta, come ricorda lo stesso Brüning, «suscitò la diffidenza di Papen»[476]. Contemporaneamente però l'ex cancelliere, in un incontro avuto durante le elezioni con Göring e Frick, suggerì ai dirigenti nazionalsocialisti di dare il via a negoziazioni tra Hitler e Kaas[477]. I rapporti tra il Centro e i nazisti rimanevano quindi ancora aperti.

Tutto, comunque, dipendeva dai colloqui con Hitler. Ma il capo nazista da un lato temeva che le aspettative dei suoi seguaci, così come era successo già il 13 agosto, potessero di nuovo essere deluse da un atteso rifiuto per il cancellierato; ma dall'altro non poteva accettare un ruolo subordinato in un eventuale governo Papen, pur sapendo che la sua posizione era ora più debole per la perdita di un buon numero di elettori[478]. Nelle trattative con Papen Hitler pose una condizione: tutte le discussioni dovevano avvenire per iscritto e poi pubblicate. Per Hitler questo significava che le trattative avrebbero potuto aver luogo solo se il cancelliere si fosse assunto la responsabilità delle sue azioni[479]. Al riguardo Papen scrisse una lettera personale a Hitler in cui lo invitava a riconciliarsi, ma la cosa non ebbe successo visto che il capo nazista rimase fermo sulla sua posizione d'intransigenza, rifiutando ogni discussione verbale. Di quell'episodio Papen scrisse: «lo scacco subito dalle sue speranze in agosto sembrava ancora bruciargli. Era pronto soltanto a prendere in considerazione una proposta scritta nella quale avrei dovuto impegnarmi ad abbandonare il mio intero programma politico ed economico»[480].

A questo punto Papen non era più in condizione di portare a termine l'incarico avuto da Hindenburg. L'aspetto più grave era che anche il suo

---

[475] "Gerarchia", novembre 1932.

[476] H. BRÜNING, *Mémoires*, op. cit., p.443.

[477] *Ibidem*, p. 443-444.

[478] A. DORPALEN, *Hindenburg and the Weimar Republic*, op. cit., pp.374-375.

[479] Cfr. E. EYCK, *Storia della Repubblica di Weimar*, op. cit., p.762.

[480] F. VON PAPEN, *Memorie*, op. cit., p.252.

esecutivo gli voltava le spalle. Nella seduta del gabinetto del 17 novembre Schleicher propose le dimissioni del governo, per dare la possibilità al presidente del Reich di dare il via a trattative personali. La cosa non piaceva a Papen, ma il cancelliere dovette convincersi che anche la Reichswehr non l'avrebbe più seguito, essendo ancora fedele al suo ministro. Alla fine Papen cedette alla proposta di Schleicher, e informò il presidente Hindenburg. Il vecchio Feldmaresciallo fu costretto a ingoiare il boccone amaro e non rimase altro che incaricare Papen di occuparsi degli affari interni fino alla formazione di un nuovo governo[481]. Finiva forse il più travagliato fra i governi che avevano guidato la Germania, anche se la giovane Repubblica Democratica fondata a Weimar visse, solo nominalmente, per altri due mesi prima di vedere l'ascesa definitiva al potere dei nazionalsocialisti.

8.5 *Le trattative per un gabinetto di "concentrazione nazionale": Papen cancelliere?*

I colloqui ebbero inizio immediatamente dopo le dimissioni del cancelliere. Furono convocati i leader dei principali partiti: Hugenberg per i tedesco-nazionali, Kaas per il Centro, Dingeldey per il Partito Popolare, Schäffer per il Partito Popolare bavarese e naturalmente Hitler. Furono esclusi i socialdemocratici, rei agli occhi del presidente di aver rifiutato nei giorni precedenti di colloquiare con Papen. In realtà quella fu solo una scusa per tener fuori dalle trattative il grande partito di sinistra, che per la prima volta nella storia della Repubblica di Weimar non partecipava alle trattative per la formazione di un governo.

Com'era previsto le trattative con Hugenberg, Kaas, Dingeldey e Schäffer non portarono a risultati utili. Tutti però furono d'accordo sulla necessità di un governo autoritario e sulla formazione di tutte le "forze

---

[481] Cfr. E. EYCK, *Storia della Repubblica di Weimar*, op. cit., p.762.

nazionali" alla base di tale governo[482]. Inoltre tutti si mostrarono favorevoli a un ingresso della Nsdap nel governo ma, eccetto Kaas, avevano delle riserve su un eventuale cancellierato attribuito a Hitler. La posizione di Kaas era basata soprattutto su due paure: la prima che un altro governo Papen senza supporto popolare portasse il paese a una guerra civile; la seconda che un indebolimento del partito nazista favorisse il rafforzamento dei comunisti. Sembrava un paradosso che i comunisti, isolati e senza potenti appoggi, apparissero una forza molto più pericolosa dei nazisti, i quali godevano anche di una più forte base elettorale[483]. Questa visione della realtà politica tedesca era condivisa anche da gran parte degli ambienti affaristici e industriali tedeschi. Una petizione indirizzata il 19 novembre a Hindenburg, firmata da 16 rappresentanti del mondo economico dimostrava quanto Hitler era riuscito a ottenere l'appoggio dei circoli industriali e delle banche, e come fosse diffusa tra di essi una certa apprensione per l'avanzata comunista. Tra le righe della petizione si evidenzia un punto molto importante: «riconosciamo nel movimento nazionale, che attraversa il nostro popolo, l'inizio promettente di una nuova era [...] Sappiamo chela ripresa richiederà ancora molti sacrifici e crediamo che questi sacrifici potranno essere affrontati di buon grado solo se il gruppo principale di questo movimento nazionale parteciperà al governo in posizione di guida. Il conferimento della direzione responsabile di un gabinetto presidenziale, dotato delle migliori energie tecniche e personali, al capo del più grosso gruppo politico della nazione [...] Trascinerà la moltitudine trasformandola in una grande forza consenziente»[484]. Molte delle personalità più note del mondo economico si rifiutarono di firmare, per evitare di dare un parere politico, ma approvarono la petizione. È opportuno ricordare che tra i firmatari della petizione appare anche Schacht, che apparteneva al circolo Kepler che raccoglieva in sé i consiglieri economici della Nsdap. Nelle sue memorie Schacht ammette di aver amministrato dei fondi

---

[482] Cfr. A. DORPALEN, *Hindenburg and the Weimar Republic*, op. cit., p.376.

[483] *Ibidem*, p.377.

[484] Documento conservato nell'archivio centrale di Postdam, citato in M. BROSZAT, *Da Weimar a Hitler*, op. cit., p.234-237.

elettorali costituiti dagli ambienti industriali, ma nega che fossero indirizzati al solo partito nazista[485].

Il colloquio più importante fu senz'altro quello avvenuto la mattina del 19 novembre tra Hitler e Hindenburg. La conversazione avvenuta a quattr'occhi, senza la presenza di Meissner, non portò a nulla. Hitler affermò che avrebbe accettato solo la condizione di essere posto a capo del governo, e ammonì il presidente che un indebolimento del partito nazista avrebbe portato nel giro di poco tempo il paese verso una rivoluzione marxista. Queste parole, se avevano impressionato gli industriali, non colpirono Hindenburg, il quale ribadì che «non poteva accettare un governo di partito»[486].

Due giorni dopo s'incontrarono di nuovo. Entrambi erano rimasti sulle loro posizioni ma Hindenburg fece una proposta che rappresentava una novità rispetto ai precedenti colloqui del 13 agosto, e dimostrava a quali pressioni era stato soggetto in quei giorni. Infatti, suggerì a Hitler che avrebbe concesso il cancellierato solo se lui avesse trovato una maggioranza parlamentare. Attraverso una corrispondenza tra Hitler e Meissner, Hindenburg pose le sue condizioni: la conservazione, illimitata, dei poteri di cui si era impadronito negli ultimi due anni; non doveva più ripresentarsi il dualismo Reich-Prussia, e che quindi le misure adottate con l'articolo 48 erano da considerarsi durature; si riservava il diritto di approvare una lista di ministri; e infine il presidente chiedeva per lui due ministeri, e cioè quello degli Esteri e della Reichswehr[487]. Hitler, dal suo canto, accettò alcune di queste misure ma richiese una "legge di autorizzazione" che lo mettesse in condizioni di governare anche senza l'appoggio del parlamento e del presidente. Questa richiesta rappresentava un pericolo per Hindenburg, che ribadì le richieste fatte in precedenza di formare un gabinetto parlamentare. La strategia di Hindenburg e dei suoi collaboratori metteva Hitler alle corde; il capo nazista o cercava una maggioranza improbabile, o rinunciava alle sue richieste. Prevalse la seconda ipotesi, e il 24 novembre di fronte al rifiuto

---

[485] Da H. SCHACHT, *La resa dei conti con Hitler*, op. cit., p.40.

[486] Cfr. A. DORPALEN, *Hindenburg and the Weimar Republic*, op. cit., 381.

[487] Cfr. E. EYCK, *Storia della Repubblica di Weimar*, op. cit., p.763-764.

di Hitler, Hindenburg replicò che non si sarebbe assunto la responsabilità di affidare il governo a un capo di partito, temendo apertamente che un gabinetto presidenziale con a capo Hitler si sarebbe trasformato in una dittatura[488]. Hitler ebbe però l'ultima parola. In una lettera finale, pubblicata dagli organi di partito, respinse tutte le responsabilità per il fallimento delle trattative, evitando così di cadere nell'errore fatto dopo i colloqui di agosto.

Hindenburg fece allora un ultimo tentativo. Convocò Kaas e lo incaricò di lavorare per formare una maggioranza parlamentare. Poiché né Hitler né Hugenberg risposero all'invito, Kaas rinunciò subito all'incarico. Come ricorda Bruning, queste trattative «per la forma e per la data scelta erano destinate a un fallimento»[489].

A questo punto tutto sembrava pronto per un ritorno di Papen. Tuttavia, rispetto ai mesi precedenti, la situazione era cambiata. Se prima aveva vissuto alla giornata, ora Papen non poteva non tener conto che ben due elezioni lo avevano isolato e che quindi non rimaneva altra soluzione che agire contro la costituzione. In pratica il piano di Papen prevedeva un nuovo scioglimento del Reichstag e il rinvio a oltranza della data delle elezioni. Questa prospettiva celava il grosso pericolo che fosse necessario ricorrere all'esercito. Brüning, in un colloquio con Meissner, si disse convinto «dell'impossibilità per la Reichswehr di mantenere l'ordine e la pace pubblica se la politica di Papen fosse perseguita»[490]. Era facile capire che la Reichswehr non nutriva una grande ammirazione per Papen, e il suo comandante von Hammerstein era comunque devoto a Schleicher[491].

E fu proprio il nome di Schleicher che si fece più insistente per la nomina a cancelliere. Lo stesso generale stava prendendo in considerazione la possibilità di un suo incarico, ma la cosa non lo attirava[492]. I circoli militari, ma

---

[488] *Ibidem*, p.764.

[489] H. BRÜNING, *Mémoires*, op. cit., p.444.

[490] *Ibidem*, p.445.

[491] Cfr. J.W. WHEELER-BENNETT, *La nemesi del potere*, op. cit., p.236.

[492] Cfr. A. DORPALEN, *Hindenburg and the Weimar Republic*, op. cit., p.384.

soprattutto una grande forza politica come il Centro, si stavano preparando per accettarlo come cancelliere. Lo stesso Brüning confessò nelle sue memorie che non lo avrebbe contattato personalmente, ma che l'avrebbe «sostenuto indirettamente»[493]. Il presidente Hindenburg, ansioso di riportare Papen al suo posto, riteneva remota la possibilità Schleicher, mentre Meissner non sembrava dello stesso parere. Il modo in cui il segretario di Stato condusse i colloqui del presidente con i leader politici e il successivo incarico affidato a Kaas, facevano pensare a un tentativo di rimandare la rinomina di Papen. In questo clima si svolse lo storico colloquio dell'1 dicembre tra il presidente del Reich, Papen e Schleicher. La possibilità di un nuovo cancellierato Papen era definitivamente tramontata.

8.6 *Perché finì l'esperimento Papen*

La caduta del governo Papen fu dovuta principalmente all'impossibilità di formare una maggioranza che sostenesse l'esecutivo. Le elezioni di novembre servivano a Papen per crearsi un solido sostegno parlamentare ma, poiché il risultato fu simile a quello dello scorso luglio, il cancelliere non poté fare a meno di lasciare l'incarico. Anche gli ultimi tentativi di coinvolgere i nazionalsocialisti e il Centro nella formazione di un governo di "concentrazione nazionale" erano falliti per il rifiuto di Hitler. La caduta di Papen non fu inaspettata; già il 9 novembre il "Corriere della Sera" aveva scritto: «si considera la possibilità di un mutamento non solo del Gabinetto, ma anche nella stessa persona del cancelliere [...]»[494]. Sir Rumbold raccontò che le dimissioni di Papen furono ricevute con soddisfazione da tutti i partiti politici[495].

---

[493] H. BRÜNING, *Mémoires*, op. cit., p.445.

[494] "Il Corriere della Sera", 9/11/32.

[495] *Documents on British Foreign Policy*, vol. IV n.37, p.76.

Tuttavia il cancelliere cercò con le sue dimissioni di volgere la situazione a proprio vantaggio. Sicuro che le trattative tra il presidente e i leader dei partiti non avrebbero avuto successo, era convinto che l'unica possibile soluzione futura fosse un suo ritorno al cancellierato. Anche Hindenburg coltivava la speranza di un ritorno di Papen, poiché una sua rinuncia al gabinetto presidenziale «appare a tutti assai dubbia», come scrisse il "Regime Fascista"[496].

Ricercare l'origine del fallimento di Papen in un'unica causa può apparire riduttivo. La situazione economica e occupazionale del paese, le proteste degli ambienti industriali, la crescente opposizione degli Stati federali, i dissidi interni al gabinetto, il rifiuto di una buona parte dell'elettorato ai suoi piani di riforma costituzionale e la questione Reich-Prussia all'indomani della decisione presa dalla Corte di Lipsia, possono essere considerate delle cause dirette della caduta dell'esecutivo[497]. A ciò si devono aggiungere le oscure manovre di Schleicher e della Reichswehr. Il fatto che il cancelliere si fosse reso troppo indipendente non poteva essere accettato dal generale[498]. Cominciava a diventar chiaro chi fosse il vero *deus ex machina* della politica interna tedesca. In un articolo pubblicato il 9 agosto Schleicher aveva dichiarato: «noi riavremo le normali condizioni in Germania e potremo piegare i partiti all'obbedienza verso lo Stato»[499]. Un discorso sorprendente visto che era stato pronunciato solo dal ministro della Reichswehr. Le cose però in novembre erano cambiate, e Schleicher temeva di perdere il controllo della situazione, vista l'ambizione di Papen di fondare uno stato su basi profondamente diverse da quelle auspicate dal generale della Reichswehr. Interessante appare l'osservazione fatta dal colonnello Haselmayr nella già citata discussione con il console italiano Pittalis; il segretario generale dell'Ufficio politico militare nazionalsocialista disse: «Schleicher, se è la personalità più eminente dell'attuale gabinetto è anche la più grande sfinge di esso, e che non lo è soltanto di fronte a noi ma anche di fronte a

---

[496] "Il Regime Fascista", 12/11/32.
[497] *Documents on British Foreign Policy*, vol. IV n.37, p.76-77.
[498] Cfr. E. EYCK, *Storia della Repubblica di Weimar*, op. cit., p.762.
[499] "Il Messaggero", 9/8/32.

von Papen stesso. E a ciò sono da mettersi in rapporto le attuali voci di macchinazione di von Schleicher contro von Papen [...]»[500].

La sua ostinata politica reazionaria fu uno dei tanti errori operati da Papen. L'idea di realizzare uno stato "autoritario" e il ripudio verso il sistema parlamentare avevano sollevato parecchi dubbi circa la volontà o meno di restaurare la monarchia. Quando il ministro degli Interni Gayl annunciò la sua simpatia verso la monarchia come istituzione, non poco imbarazzo ci fu tra le forze politiche di destra, soprattutto fra i nazionalsocialisti[501]. All'inizio di novembre Papen nutriva ancora la speranza «di poter far approvare in via legale la riforma della costituzione»[502]. Il piano di riforme, che doveva portare al nuovo Stato, era però malvisto dagli Stati federali, in particolare da quelli meridionali. Era ancora vivo il ricordo del colpo di stato in Prussia e le promesse fatte dal cancelliere, all'indomani della caduta del governo Braun, non erano mai state realizzate. Appariva, quindi, più che giustificata la diffidenza degli Stati federali verso il cancelliere. La prova fu il fallimento delle visite programmate da Papen nei vari Stati, con lo scopo di ottenere un sostegno al suo governo dopo i risultati elettorali. L'accoglienza in Sassonia e in Baviera, e la bocciatura operata dal Reichsrat il 12 novembre nei confronti di un suo decreto, che intendeva disciplinare i rapporti tra il commissario del Reich in Prussia e il governo Braun, lo avevano convinto che il suo compito era senza speranza. Ma come osservò Sir Rumold, analizzando la personalità del cancelliere, «la fiducia verso se stesso è illimitata, e anche la pretesa di possedere la fiducia del paese»[503]. Era comunque un ottimismo che lo rendeva cieco verso la reale situazione politica. Ancora pochi giorni e le sue dimissioni sarebbero state formalizzate.

---

[500] *Documenti Diplomatici Italiani*, serie VII, Vol. IX, n.372, p.469.

[501] *Documents on British Foreign Policy*, vol. IV n. 37, p.78.

[502] "Gerarchia", novembre 1932.

[503] *Documents on British Foreign Policy*, vol. IV n. 37, p.79.

9. L'INTERLUDIO SCHLEICHER

9.1 *La scelta Schleicher*

Ufficialmente l'incontro dell'1 dicembre doveva stabilire la riassunzione al cancellierato di von Papen. L'ex cancelliere si presentava con il suo programma di scioglimento dei partiti nazionalsocialista e comunista, ma anche delle organizzazioni paramilitari degli altri partiti[504]. Il piano di Papen metteva però il presidente di fronte a una difficile situazione; il giuramento fatto sulla costituzione non gli permetteva di approvare un tentativo che sembrava una sorta di "golpe bianco". Lo stesso Papen ammise che «una simile procedura avrebbe costituito una violazione da parte del presidente della costituzione vigente»[505]. Siccome la situazione rimaneva ferma, Schleicher fece la sua proposta: sgretolamento del partito nazionalsocialista, facendo prevalere l'ala sinistra del movimento nazista guidata da Strasser – che sarebbe entrato al governo –, e la conquista dell'appoggio di un gran numero di deputati, trascinando dalla propria parte i sindacati e i partiti legati a essi – Spd e Centro soprattutto.

Questa proposta colse di sorpresa sia il presidente che Papen. Tuttavia non ebbe successo, poiché Hindenburg dubitava sull'effettiva realizzazione di tale progetto da parte di Schleicher. La sua fiducia in Papen era ancora molto forte[506]. Secondo la versione di Papen il presidente, dopo un lungo silenzio, si alzò e si pronunciò a suo favore[507]. Se Papen raccontava la verità, allora Hindenburg era disposto a calpestare la costituzione e a violare il suo

---

[504] Cfr. E. EYCK, *Storia della Repubblica di Weimar*, op. cit., p.766.

[505] F. VON PAPEN, *Memorie*, op. cit., p.256.

[506] Cfr. J.W. WHEELER-BENNETT, *La nemesi del potere*, op. cit., p.239.

[507] Cfr. F. VON PAPEN, *Memorie*, op. cit., p.257.

giuramento. Questo significava una sconfitta per Schleicher e l'affidamento dell'incarico di formare un governo all'ex cancelliere. Tuttavia il generale, ministro della Difesa, non si arrese. Solo il giorno dopo, il 2 dicembre, durante la seduta del gabinetto, che doveva prendere visione della riassunzione di Papen, Schleicher ammonì i suoi colleghi del gabinetto che l'attuazione del piano Papen avrebbe portato i due partiti estremisti, nazionalsocialista e comunista, a impadronirsi del potere[508]. Per rafforzare la sua tesi, Schleicher aveva invitato alla seduta il tenente colonnello Ott, grossa personalità all'interno del Ministero della Difesa, che con adeguati dettagli dimostrò che la Reichswehr non sarebbe stata in grado di fronteggiare un evento rivoluzionario. Era un'ammissione di debolezza da parte della Reichswehr. Al riguardo Wheeler-Bennett scrisse: «Nel 1932 la Reichswehr, che von Seeckt, e dopo di lui Gröner, aveva cercato con tanta diligenza di tenersi lontana dal cancro della politica, era a tal punto infettata da questa tabe funesta da riconoscersi impotente a fronteggiare una rivolta armata nel Reich, o meglio, da ammettere di non voler sparare sulla gioventù tedesca rappresentata dalle SA. [...] La maggior parte della responsabilità ricadeva su Kurt von Schleicher il quale, tra intrighi, macchinazioni, colpi bassi all'autorità dei superiori e amoreggiamenti con i leader nazisti e con le SA, aveva finito con l'immergere l'esercito nel mondezzaio della politica»[509]. Sulla base del rapporto offerto da Ott, Schleicher affermò dinanzi al gabinetto che la riassunzione di Papen era fuori questione.

Colpiti dagli avvertimenti di Schleicher e preoccupati di un'eventuale guerra civile, tutti i ministri votarono contro il programma di Papen, accettando le tesi del generale. A questo punto ci fu la sorpresa: su proposta di Schwerin-Krosigk tutti i ministri furono d'accordo nel proporre Schleicher cancelliere[510]. Papen informò il presidente dei risultati della seduta di governo e, di fronte all'alternativa Schleicher o Papen, Hindenburg senza la sicurezza che lo aveva accompagnato finora disse: «Mio caro Papen non avrete una grande opinione di

---

[508] Cfr. E. EYCK, *Storia della Repubblica di Weimar*, op. cit., p.768.

[509] J.W. WHEELER-BENNETT, *La nemesi del potere*, op. cit., p.240.

[510] Cfr. A. DORPALEN, *Hindenburg and the Weimar Republic*, op. cit., p.394.

me se cambio idea. Ma sono troppo vecchio e ne ho passate troppe per accettare la responsabilità di una guerra civile. La nostra sola speranza è di lasciar Schleicher tentare la sua fortuna»[511]. La collaborazione con Papen era finita e poche ore dopo il presidente mandò all'ex cancelliere una dedica – segno della sua stima – che recitava così: «*Ich hatt'einen Kameraden!*»[512].

9.2 *Il tentativo di creare una maggioranza parlamentare*

Ora che la commedia inscenata dagli ufficiali dell'esercito era finita, era paradossale che la Reichswehr, uscita sconfitta e ridimensionata dal rapporto di Ott, vedesse adesso salire al cancellierato il suo ministro[513]. In verità Schleicher non aveva mai nascosto l'intenzione di rimanere dietro le quinte della ribalta politica, ma a questo punto Hindenburg, contrariato per la caduta di Papen, era deciso ad affidare il futuro della Germania al suo programma. Non fu solo il presidente a spingere per la sua nomina, ma anche i ministri di Papen, gli ambienti militari e lo stesso Brüning. Il Corriere della Sera in quei giorni scriveva: «Quasi ovunque l'avvento di von Schleicher viene salutato come apportatore d'un alleviamento della tensione che von Papen aveva prodotta»[514].

Schleicher lottò invano per evitare che ciò accadesse; provò a suggerire Schacht, dichiarò apertamente al presidente di non essere la persona adatta ma alla fine, come per rivalsa, Hindenburg lo costrinse ad assumere l'incarico. Schleicher aveva sempre lavorato per raggiungere il potere ma non ambiva a gravarsi delle responsabilità; a questo punto doveva sperimentare sulla sua pelle quella frustrazione e quel senso di abbandono che la carica di cancelliere nella

---

[511] Queste parole sono riportate fedelmente da Papen nelle sue *Memorie*, op. cit., p.263.

[512] «Avevo un camerata».

[513] Cfr. E. EYCK, *Storia della Repubblica di Weimar*, op. cit., p.770.

[514] "Il Corriere della Sera", 3/12/32.

Germania di Weimar comportava, e che con i suoi intrighi lui stesso aveva spesso costretto tanti altri a subire[515]. Molto incisiva era l'osservazione fatta su Gerarchia: «chi naviga nella tempesta, non può impedire che un'onda lo sollevi in alto»[516].

Dal canto suo, il presidente era consapevole che sul suo ordine di aiutare Papen, l'esercito si era rifiutato di obbedire; era una chiara dimostrazione che la sua autorità sull'esercito non sembrava più sacrosanta[517]. Ma era anche evidente che «nel dicembre del 1932 l'esercito e la casta militare concentrarono nelle loro mani le più alte cariche dello Stato»[518].

Infine Papen, che era stato il protagonista di quest'anno cruciale per i destini della Germania, era ora relegato dietro le quinte, anche se non come spettatore. Il 3 dicembre il Corriere della Sera titolava «Il tramonto di von Papen»[519]. Gli avvenimenti successivi dimostrarono che questo non fu vero poiché Papen non solo non uscì dalla porta di servizio ma divenne uno degli artefici principali delle sventure di Schleicher. Nelle sue memorie l'ex cancelliere sostiene di non aver sentito «alcuna animosità personale verso Schleicher»[520]. Questa sicuramente era una forzatura e giusta, quindi, sembrava l'osservazione di François-Poncet sullo stato d'animo di Papen: «È pieno di amarezza e di rancore: il suo piacere alla politica e al potere, la sua ambizione, la sua vanità ferita non gli lasciano riposo [...] ha sete di rivincita: la sua carriera non è finita»[521]. La formazione del gabinetto avvenne in poco meno di ventiquattro ore, un record nella storia della Repubblica di Weimar. Tutti i ministri del governo Papen furono confermati, eccetto due: Gayl, spesso in contrasto con le idee di Schleicher e ancora fedele a Papen, sostituito da Bracht; Schäffer,

---

[515] Cfr. J.W. WHEELER-BENNETT, *La nemesi del potere*, op. cit., p.242.

[516] "Gerarchia", dicembre 1932.

[517] Cfr. A. DORPALEN, *Hindenburg and the Weimar Republic*, op. cit., p. 396.

[518] J.W. WHEELER-BENNETT, *La nemesi del potere*, op. cit., p.241.

[519] "Il Corriere della Sera", 3/12/32.

[520] F. VON PAPEN, *Memorie*, op. cit., p.265.

[521] A. FRANÇOIS-PONCET, *Ricordi*, op. cit., p.41.

ministro del Lavoro, rimpiazzato da Friedrich Syrup, presidente dell'Ufficio del Reich per l'assicurazione dei disoccupati. La formazione del nuovo governo aveva reso «scettico» Brüning, che tanto aveva appoggiato la nomina di Schleicher. L'importante rappresentante del Centro aveva suggerito di coinvolgere Hugenberg e alcuni uomini nazisti nell'assegnazione dei portafogli ministeriali. Ma, osservò Brüning, Schleicher «sembrava voler perseguire la linea tracciata da Papen e incontrò invece la mortale inimicizia di Hugenberg»[522].

Il progetto di Schleicher, che intendeva domare l'opposizione dei partiti, s'indirizzava verso due obiettivi: prendere nel governo una parte del nazionalsocialismo per diminuire la sua pericolosità, conquistare la fiducia dei sindacati per ottenere l'appoggio socialdemocratico. Con i nazionalsocialisti Schleicher faceva affidamento su Strasser che, dopo le elezioni di novembre, si faceva portavoce di una linea di conduzione del partito diversa da quella portata avanti fino a quel momento da Hitler, Goebbels e Göring. Tuttavia quella di Strasser era solo la punta dell'iceberg di tutto un malcontento che serpeggiava all'interno del partito. L'offerta del vice-cancellierato da parte di Schleicher, che minacciò anche di sciogliere il Reichstag dopo la convocazione di febbraio se il partito nazista si fosse opposto a dare il suo appoggio, spinse Strasser a sostenere nelle riunioni di partito una politica di tolleranza verso il governo, lasciando comprendere che avrebbe creato uno scisma nel partito se non si fosse seguita questa linea[523]. Le sue dimissioni, l'8 dicembre, dalla carica di capo dell'organizzazione di partito, seguite poi da numerose "rivolte" nei vari circoli di partito e all'interno delle stesse SA, e l'apertura di negoziati con Schleicher confermavano «l'impressione di molti osservatori che i giorni del partito erano contati»[524]. Il suo fu un grande errore. Già il 13 dicembre la stampa italiana aveva osservato che «Hitler aveva iniziato un'epurazione nelle fila del partito»[525]. Infatti, fronteggiato con grande animosità da Hitler stesso, Strasser si trovò ben

---

[522] H. BRÜNING. *Mémoires*, op. cit., p.445.

[523] J.W. WHEELER-BENNETT, *La nemesi del potere*, op. cit., p.243-244.

[524] G. PRIDHAM, *Hitler's rise to power*, op. cit., p.291.

[525] "Il Popolo d'Italia", 13/12/32.

presto isolato e solo un anno dopo, il 30 giugno 1934, fu assassinato per ordine di Hitler, nello stesso giorno in cui fu ucciso Schleicher[526]. L'episodio di Strasser minava i piani del cancelliere di spezzare il partito nazista e, a questo punto, era evidente che il cancelliere non poteva cercare all'interno del Reichstag alcun appoggio da parte dei nazisti.

Anche nelle trattative con i sindacati la sua strategia non arrivò allo scopo. In verità le trattative videro una certa collaborazione da parte dei sindacati, che chiesero come condizione principale la revoca di alcune disposizioni contenute nel decreto del 5 settembre. Ma il tentativo di arrivare alla Spd, attraverso i sindacati, fallì per il rifiuto del partito socialdemocratico di trattare con Schleicher. All'interno del Reichstag Schleicher poté fare affidamento solo su un sostegno leggermente più forte di quello su cui poté contare Papen. Infatti, furono con lui i partiti moderati, il Centro e i tedesco-nazionali. Fu solo per poco.

9.3 *Il programma "sociale"*

Dal 6 al 9 dicembre si riunì il Reichstag. La situazione creatasi durante il cancellierato Schleicher era favorevole per la messa in opera di un progetto che Hitler aveva già mostrato di voler attuare nei mesi precedenti. Si trattava di accusare e allontanare il presidente della Repubblica con l'imputazione di aver abusato dell'articolo 48 della costituzione. Per arrivare allo stato di accusa era necessaria una mozione firmata da almeno cento deputati, obiettivo facilmente raggiungibile giacché i nazisti contavano su 196 seggi al parlamento. Per la rimozione del presidente era invece necessaria una maggioranza di due terzi del Reichstag. Anche in questo caso Hitler sapeva di poter contare sui voti

---

[526] Cfr. E. EYCK, *Storia della Repubblica di Weimar*, op. cit., p.775.

comunisti e su alcuni socialdemocratici ostili a Hindenburg[527]. Ma la cosa più rilevante fu l'approvazione il 9 dicembre di un disegno di legge presentato dai nazisti, in cui invece del cancelliere, come previsto dall'articolo 51 della costituzione, subentrava il presidente della Corte suprema nel caso di morte o sollevamento dalla carica del presidente della Repubblica. Era l'ultimo ostacolo per l'attuazione del progetto, visto che Hitler non avrebbe gradito una sostituzione di Hindenburg con Schleicher. Di fronte a questa vicenda la stampa italiana confermava le impressioni di quei giorni: «la fretta con la quale i socialnazionali hanno presentato già nei primi giorni della sessione parlamentare questa legge, fa ritenere a qualcuno che il partito di Hitler intenda promuovere la deposizione di Hindenburg»[528].

Quello che colpiva era l'appoggio del governo a un simile disegno di legge. In realtà Schwerin-Krosigk confessò all'ambasciatore britannico che il cancelliere aveva incoraggiato la formulazione di questa legge, giacché ovviava al timore di Hindenburg che Hitler un giorno potesse diventare dittatore, qualora lo avesse nominato cancelliere e lui fosse morto prematuramente[529]. In definitiva Hitler era stato capace di mettere in piedi uno schieramento di forze tale da nascondere la sua debolezza all'interno del partito, ed era ora nelle condizioni di adoperare la minaccia di mettere in stato di accusa il presidente come arma ricattatoria in future trattative con Hindenburg[530].

Già il 10 dicembre fu chiaro che il governo Schleicher si era visto crollare sotto i suoi piedi le basi su cui faceva affidamento per governare. Il Centro aveva cambiato la sua posizione, mentre i nazisti lo osteggiavano; Schleicher era sull'orlo del fallimento e l'ultima spinta gliela diede von Papen, che paradossalmente aveva preso quel posto dietro le quinte che era stato in precedenza dell'ex ministro della Reichswehr.

---

[527] J.W. WHEELER-BENNETT, *La nemesi del potere*, op. cit., p.244.

[528] "Il Corriere della Sera", 10/12/32.

[529] *Documents on British Foreign Policy*, vol. IV, p.91.

[530] J.W. WHEELER-BENNETT, *La nemesi del potere*, op. cit., p.245.

Prima che Papen si svelasse, Schleicher commise un altro errore. In un radio-discorso, tenuto il 15 dicembre, oltre ad annunciare al paese il successo nella Conferenza per il disarmo[531], lesse il suo programma di governo. Egli si presentò come un "generale sociale" né sostenitore del capitalismo né del socialismo, e dichiarò che l'unica preoccupazione del suo governo era la creazione di posti di lavoro[532]. Questo progetto doveva attuarsi attraverso cospicui finanziamenti da parte della Reichsbank, una riorganizzazione del lavoro da parte delle aziende – massimo quaranta ore di lavoro settimanale e minor impiego di macchine –, e infine ridimensionamento della Osthilfe – i beni indebitati, come contropartita, dovevano cedere terre ai disoccupati delle città, dando vita così a una colonizzazione interna soprattutto delle terre d'Oriente e un alleggerimento della situazione in cui versava la classe operaia urbana. Tuttavia circolavano anche delle voci secondo le quali Schleicher avrebbe rivelato di certi brogli operati a favore di alcuni possedimenti della Prussia orientale; era evidente che un simile progetto politico e il timore di uno scandalo avrebbero provocato la reazione delle destre agrarie, che avevano già avuto il merito di rovesciare i "bolscevisti agrari" Brüning e Schlange-Schöningen, e che ora non potevano accettare un generale che portava avanti un programma sociale. L'11 gennaio rappresentanti del Reichslandbund (Lega degli Stati del Reich) si presentarono dal presidente per protestare contro la politica del governo. Il colloquio, al quale partecipavano oltre che Schleicher anche i ministri von Braun e Warmbold, non soddisfò né la delegazione del Reichslandbund né tantomeno il presidente[533]. Da quel giorno gli ambienti agrari si schierarono

---

[531] La soluzione di una delle più travagliate conferenze di quegli ultimi anni fu dovuta a un accordo tra Francia, Italia e Inghilterra, secondo il quale si riconosceva alla Germania la parità di diritti in un sistema che prevedeva la sicurezza per tutte le nazioni. Si trattava in pratica di un ulteriore sgretolamento di alcune disposizioni del trattato di Versailles. L'accordo fu avallato anche dalla Germania l'11 dicembre, con la firma del barone von Neurath, cosa che non gli impedì di mantenere il dicastero del Ministero degli Esteri nel governo Hitler e di violare nel 1936 il patto di Locarno con l'occupazione da parte delle truppe tedesche della zona smilitarizzata.

[532] Cfr. H. SCHULZE, *La Repubblica di Weimar*, op. cit., p.490.

[533] Cfr. E. EYCK, *Storia della Repubblica di Weimar*, op. cit., p.785.

apertamente contro il governo, anche se non furono solo loro a non digerire il programma Schleicher. Come si legge sulla stampa italiana «gli industriali e i finanzieri non perdonano al cancelliere le frasi non precisamente ligie al dogma capitalistico da lui pronunciate nelle sue dichiarazioni alla radio»[534].

Il risvolto politico di questo episodio era dato dal fatto che il Reichslandbund, oltre che essere fortemente impregnato di nazionalsocialismo, era anche appoggiato dai tedesco-nazionali. Hugenberg, che aveva rinunciato all'ingresso nel governo per il rifiuto di Schleicher di dargli il ministero dell'Economia, si spingeva sempre più verso l'opposizione[535]. Il governo Schleicher avrebbe potuto fare a meno di Hugenberg e reggersi per qualche tempo se non si fosse interposto, con i suoi intrighi e macchinazioni, Franz von Papen.

9.4 *Il ruolo svolto da Papen nella rinascita della Nsdap*

Alla fine di dicembre i conti della Nsdap erano decisamente in rosso e il partito aveva effettivo bisogno di fondi. Papen ritenne che quello fosse il momento giusto per aiutare i nazisti e imporre poi loro le sue condizioni. Lo scopo ultimo era l'eliminazione di Schleicher e l'"ingabbiamento" di Hitler all'interno dello schieramento delle destre[536]. La rinascita della Nsdap fu dovuta proprio a Papen e a quei circoli nazionalisti e capitalistici che si opponevano alla politica sociale di Schleicher e che ritornavano a stringere legami con i nazionalsocialisti[537]. I passi preliminari furono compiuti da Papen in collaborazione con il banchiere di Colonia Kurt von Schröder. Schröder

---

[534] "Il Corriere della Sera", 24/12/32.

[535] Cfr. E. EYCK, *Storia della Repubblica di Weimar*, op. cit., p.785.

[536] Cfr. J.W. WHEELER-BENNETT, *La nemesi del potere*, op. cit., p.246.

[537] Cfr. E. COLLOTTI, *La Germania nazista*, op. cit., p.69.

conosceva bene sia Papen sia il consigliere economico di Hitler Keppler, e fece quindi da tramite per un accordo con i nazisti. Proprio nella casa di Colonia di Schröder si ebbe lo storico incontro del 4 gennaio tra Hitler e Papen, in cui si stabilirono le linee da seguire dopo la caduta di Schleicher: Hitler cancelliere, Papen vice-cancelliere e ingresso della Dnvp nel governo[538].

La notizia di questo incontro, che doveva rimanere segreto, fu diffusa dalla stampa grazie all'intervento di Hans Zehrer, amico di Schleicher, che si preoccupò di divulgare le conclusioni dell'incontro e di informare il cancelliere, che però non se ne preoccupò più di tanto[539]. In realtà Brüning sostenne che «da notizia dell'incontro fece l'effetto di una bomba; essa paralizzò l'attività di Schleicher»[540].

Molto si è discusso sul contenuto dei colloqui nella famosa colazione di Colonia. Papen ha dedicato molto spazio nelle sue memorie per smentire le accuse mosse contro di lui al processo di Norimberga. Egli ha sempre sostenuto che il suo intento era di «persuadere Hitler a entrare nel governo di Schleicher»[541]. Tuttavia la versione offerta da Schröder al processo di Norimberga, secondo la quale Papen propose un governo capeggiato a parità di grado da Hitler e da lui e appoggiato da tutte le forze di destra, sembrò essere la più veritiera[542]. D'altronde anche la stampa del tempo confermava l'impressione che ci si era fatta. Il Popolo d'Italia commentava così: «fra le quinte si lavorerebbe di bel nuovo per un futuro cancellierato Hitler e von Papen non sarebbe più contrario»[543]. Anche per il Corriere della Sera «l'ampiezza dell'azione

---

[538] Cfr. H SCHULZE, *La Repubblica di Weimar*, op. cit., p.495.

[539] *Ibidem*, p.494-495.

[540] H. BRÜNING, *Mémoires*, op. cit., p.447.

[541] F. VON PAPEN, *Memorie*, op. cit., p.267. Papen sostenne anche che venne a sapere con stupore che era stato lo stesso Schröder a diffondere a sua insaputa le notizie alla stampa, e che queste notizie l'ex cancelliere le reputava totalmente inesatte. E' evidente che la tesi di Papen è sorretta solo dalla volontà di difendersi dalle accuse mosse contro di lui a Norimberga.

[542] Cfr. W.L. SHIRER, *Storia del Terzo Reich*, op. cit., pp.278-279.

[543] "Il Popolo d'Italia", 6/1/33.

iniziata da von Papen lascia apparire poco probabile che egli miri solo alla tolleranza in parlamento [...]»[544].

Uno dei risultati più importanti dell'incontro di Colonia fu senz'altro la mutata situazione economica del partito nazista. Dalla metà di gennaio cominciarono ad affluire nelle casse del partito nuovi fondi, soprattutto dai magnati della Renania-Westfalia, che accettarono l'onere di far risorgere nella lotta politica il partito di Hitler[545]. Anche in questo caso Papen si affrettò a smentire un suo diretto coinvolgimento nella rinascita economica della Nsdap. Arrivò a sostenere che nella riunione di Schröder «il finanziamento del movimento nazista non fu neppure menzionato»[546]. Papen, inoltre, ricorda anche quello che fu poi accertato a Norimberga, cioè che fu costituito un comitato, sottoscritto da vari industriali, a favore della Nsdap per reperire i fondi necessari per la futura campagna elettorale. L'ammissione di Schacht, che ne fu il promotore, ne è una nuova prova: «In effetti» scrisse Schacht «assunsi l'amministrazione di fondi elettorali costituiti dagli ambienti industriali»[547]. Che Papen fosse estraneo all'episodio dei finanziamenti del partito nazista è ritenuto credibile, ma suscita forti dubbi il fatto che l'arrivo dei fondi sia avvenuto solo dopo l'incontro di Colonia.

9.5 *Hitler giunge al potere*

A questo punto l'ultimo ostacolo da rimuovere era la conquista dell'approvazione di Hindenburg. Il vecchio Feldmaresciallo si rifiutava di pensare a un governo capeggiato da Hitler, mentre vedeva solo Papen come

---

[544] "Il Corriere della Sera", 11/1/33.

[545] Cfr. J.W. WHEELER-BENNETT, *La nemesi del potere*, op. cit., p.247.

[546] F. VON PAPEN, *Memorie*, op. cit., p.270.

[547] H. SCHACHT, *La resa dei conti con Hitler*, op. cit., p.40.

cancelliere; d'altronde l'appoggio ormai evidente dell'industria pesante al movimento nazionalsocialista non era ancora sufficiente a far cambiare parere al presidente. Tuttavia le cose prendevano un'altra piega se era coinvolta la Lega rurale[548]. I proprietari terrieri d'Oltrelba, contrari al programma di colonizzazione interna proposto da Schleicher e preoccupati delle possibili conseguenze di uno scandalo, si schierarono al fianco di Papen e Hitler, facendo pressione su Hindenburg. Com'era già successo per Brüning, l'opposizione della casta agraria diventava fatale per il governo. L'influenza del Landbund su Hindenburg era molto forte e, pertanto, le proteste ufficiali presentate il 12 gennaio spingevano il presidente a cambiare parere circa il futuro di Schleicher. Come osservò Brüning «per timore di un movimento popolare contro l'Osthilfe, ci si gettò tra le braccia di Hitler»[549].

Parallelamente i tedesco-nazionali, rappresentanti politici di quelle stesse forze reazionarie che osteggiavano il governo, dichiararono apertamente guerra a Schleicher accusando, attraverso il suo capo Hugenberg, il cancelliere di aver dato al suo programma un orientamento decisamente socialista e bolscevico[550]. Erano dichiarazione chiaramente propagandistiche e demagogiche ma che avevano un sicuro effetto sul vecchio Feldmaresciallo. La nuova posizione di Hugenberg era dettata dal rancore del capo dei tedesco-nazionali difronte al rifiuto di Schleicher del 13 gennaio di accordagli il ministero dell'Economia, e quindi il suo ingresso nel governo. Papen racconta che «Schleicher aveva rifiutato perché ancora incline a raggiungere un accordo con Strasser»[551]. E' così sembrava che andassero le cose, giacché Schleicher aveva fatto incontrare Strasser con Hindenburg il 4 gennaio, e che l'ex dirigente nazionalsocialista si era dato disponibile per entrare al governo[552].

---

[548] H. SCHULZE, *La Repubblica di Weimar*, op. cit., p.496.

[549] H BRÜNING, *Mémoires*, op. cit., p.448.

[550] Cfr. E. EYCK, *Storia della Repubblica di Weimar*, op. cit., p.791.

[551] F. VON PAPEN, *Memorie*, op. cit., p.274.

[552] Cfr. W. L. SHIRER, *Storia del Terzo Reich*, op. cit., p.281.

Strasser non entrò mai nel governo e Schleicher, ormai sfiduciato, si recò da Hindenburg per chiedere quelle stesse cose che Papen aveva chiesto in dicembre: sospensione del Reichstag a tempo indeterminato e instaurazione della dittatura militare attraverso l'articolo 48. Tuttavia il presidente non era disposto a dare quello che aveva negato in precedenza a Papen e invitò Schleicher a continuare la sua opera per trovare una maggioranza parlamentare[553]. Come aveva osservato, in un'intervista alla stampa, il deputato al parlamento italiano Cerruti, «il generale von Schleicher sa che senza i socialnazionali un governo nazionale in Germania non è possibile [...] se von Schleicher non dedurrà da queste considerazioni le conseguenze logiche, ciò sarà fatale per il suo gabinetto»[554]. Ma in quella situazione il cancelliere era già un uomo morto politicamente, e Papen intuì che era il momento giusto per informare Hindenburg del colloquio di Colonia, accennando a un progetto di unione di tutte le forze conservatrici che avrebbero appoggiato un governo Hitler, diretto dietro le quinte da lui stesso[555]. In realtà Papen aveva in serbo una seconda possibilità rappresentata da un suo cancellierato appoggiato da Hugenberg. Hitler non rimase fermo e approfittò di un'occasione offerta da Papen che organizzò il 22 gennaio un incontro con il figlio di Hindenburg, Oskar, nella casa di un commerciante di vini nazionalsocialista, Joachim von Ribbentrop, futuro ambasciatore a Londra e ministro degli Esteri nel Terzo Reich. Hitler colloquiò a quattro occhi con Oskar e, anche se non si è mai saputo che cosa fu detto in quell'incontro, si riuscì a intuire che il capo nazionalsocialista aveva perforato il muro che lo divideva da Hindenburg.

In queste condizioni avvenne l'incontro del 28 gennaio tra Hindenburg, Papen e Schleicher. Di fronte al rifiuto di Hindenburg all'ennesima richiesta di sciogliere il Reichstag e di governare con poteri dittatoriali, Schleicher presentò le sue dimissioni e quelle di tutto il gabinetto. Le dimissioni furono accettate e il

---

[553] J. W. WHEELER-BENNETT, *La nemesi del potere*, op. cit., p.251.

[554] "Il Corriere della Sera", 23/12/32.

[555] J. W. WHEELER-BENNETT, *La nemesi del potere*, op. cit, p.251.

presidente incaricò Papen di fare dei sondaggi[556]. L'aspetto curioso della vicenda è che nella crisi del gabinetto il Reichstag, o perlomeno i capi di partito, non aveva avuto alcun ruolo. Come fu scritto sul Popolo d'Italia, la crisi «è maturata nei ciocchi, fra le quinte, e nelle conventicole chiuse della politica»[557].

Comunque Papen conversò con Hitler e riferì al presidente le proposte del capo nazista: cancellierato per sé e ministero degli Interni e commissariato del Reich per la Prussia per la Nsdap[558]. Hindenburg rispose che non accettava di conferire il commissariato a un nazista e che si doveva affidare il ministero della Reichswehr a un generale fidato. Hitler accettò la proposta di Hindenburg ma rilanciò richiedendo lo scioglimento del Reichstag e una rapida convocazione dei comitati elettorali. Hindenburg si mostrò entusiasta della nuova posizione assunta da Hitler, anche perché gli garantiva un ritorno di Papen sulla scena politica e la possibilità di non violare la costituzione, come gli era stato proposto da Schleicher.

La spinta decisiva gliela diede la notizia, alquanto infondata, che Schleicher stava preparando insieme ai generali della Reichswehr un colpo di stato militare[559]. La notizia si era diffusa nei palazzi di governo, creando una situazione di forte panico, soprattutto nell'entourage di Hindenburg; il presidente allora decise che era il momento di nominare Hitler. La mattina del 30 gennaio si riunirono coloro che erano stati designati da Hitler come ministri. In gran parte erano già visi conosciuti: von Neurath per gli Esteri, Schwerin-Krosigk per le Finanze, Gürtner per la Giustizia, von Rübenach per le Poste, Papen vicecancelliere e commissario per la Prussia, Hugenberg per l'Economia e l'Approvvigionamento, Seldte, generale dello Stahlhelm, per il Lavoro, von Blomberg, generale direttamente nominato da Hindenburg, per la Reichswehr e

---

[556] Cfr. H. SCHULZE, *La Repubblica di Weimar*, op. cit., p.498.

[557] "Il Popolo d'Italia", 29/1/33.

[558] Cfr. F. VON PAPEN, *Memorie*, op. cit., p.282.

[559] J. W. WHEELER-BENNETT, *La nemesi del potere*, op. cit., p.256.

infine Frick per gli Interni, unico nazionalsocialista, con Hitler, nel governo[560]. Il gruppo, riunito nella stanza di Meissner, fu scosso dall'improvviso rifiuto di Hugenberg che, avendo appreso solo in quel momento che Hitler aveva preteso nuove elezioni, intendeva ritirarsi dal futuro governo[561]. Seguì una discussione cui presero parte attiva Hitler, Papen, Göring e Neurath; Hugenberg cedette solo quando si presentò Meissner per invitarli nella stanza del presidente per il giuramento. L'ultima possibilità, offertasi a Hugenberg, di non consegnare il paese al futuro dittatore della Germania era crollata di fronte alla volontà di non far attendere oltre il presidente[562]. Hitler aveva trionfato e da quella sera sarebbe cominciata l'opera d'instaurazione del Terzo Reich.

---

[560] In realtà appariva nella configurazione del nuovo governo anche il nome di Göring, il quale non aveva un portafoglio ministeriale, ma fu incluso con l'intesa che sarebbe stato nominato ministro dell'Aviazione, non appena la Germania avesse avuto un'aviazione militare. Passò in sordina, invece, la sua nomina a ministro degli Interni per la Prussia, cosa da non sottovalutare giacché gli dava il controllo totale della polizia prussiana.

[561] Cfr. E. EYCK, *Storia della Repubblica di Weimar*, op. cit., p.804.

[562] *Ibidem*, p.805.

CONCLUSIONI

Il cancellierato di Franz von Papen, anche se ebbe una breve durata, ha però caratterizzato quello che sicuramente può essere definito l'anno cruciale per la storia della repubblica democratica di Weimar. Certo, non si possono ignorare tutti quei fattori e tutte quelle vicende che negli anni precedenti avevano profondamente segnato la repubblica, ma è sorprendente la velocità, durante il governo Papen, con cui furono demolite le fondamenta democratiche e istituzionali. Ne è conferma il fatto che qualsiasi analisi riguardante la storia della Repubblica di Weimar è legata inevitabilmente alla ricerca delle cause del suo rapido crollo.

Sicuramente l'esecutivo che governò la Germania dal giugno al novembre del 1932 non fu frutto del caso, perché rappresentava tutte quelle forze conservatrici e reazionarie che pretendevano di avere un posto al sole nelle sorti future della Germania. A un'analisi più approfondita del periodo in cui fu al governo Papen, si ritrovano tutti quegli elementi che Karl Dietrich Bracher, uno dei maggiori storici della Repubblica di Weimar, definisce come cause della dissoluzione di quello che fu il primo tentativo di creare un'istituzione democratica in Germania. Bracher nei suoi scritti, ma in particolare in uno[563], elenca una serie di motivi, intrecciati fra loro, che hanno avuto un ruolo determinante nell'evoluzione di questo processo di dissoluzione. Il primo elemento individuato da Bracher è la particolare attitudine del cittadino tedesco a sottomettersi all'autorità dello Stato e al rifiuto di assumersi delle responsabilità in un regime democratico. Non a caso Papen capeggiava uno di quei gabinetti presidenziali, che aveva un precedente nella vecchia corrente statale autoritaria, già presente ai tempi di Bismarck, e che fu definito da una certa corrente storiografica come la "preistoria" del Terzo Reich, punto di partenza della dittatura di Hitler. L'accettazione passiva da parte del popolo di un tale governo

---

[563] K.D. BRACHER, *La dittatura tedesca*, op. cit.

autoritario, che si dimostrava ancora più conservatore di quello in precedenza condotto da Brüning, è dimostrata dal successo, nelle elezioni del luglio 1932, dei partiti estremisti – nazionalsocialista e comunista –, portatori di un programma finalizzato all'instaurazione di una dittatura, e dalla totale indifferenza verso l'episodio del colpo di Stato in Prussia, che spazzò via l'ultimo bastione di quelle forze che avevano sorretto la democrazia fin dalle origini della repubblica.

Il secondo elemento si riconduce al compromesso che caratterizzò la rivoluzione del 1918, in cui fu permesso ad alcuni elementi del vecchio Stato monarchico e autoritario di sopravvivere al fianco di un nuovo Stato democratico. La stessa costituzione, riconosciuta da molti come una delle più democratiche che sia stata mai scritta, celava nel suo interno alcuni elementi che sarebbero stati nefasti per le vicende che caratterizzarono l'ultimo periodo della repubblica. Si fa riferimento qui all'uso spropositato che fecero Hindenburg e Papen dell'articolo 48 della costituzione, con cui si riuscì a governare anche in assenza di una maggioranza parlamentare, e alla strumentalizzazione della figura del presidente della Repubblica che, nel progetto originale previsto dalla costituzione, doveva essere garante del parlamentarismo, ma che nel periodo Papen, accentrando su di sé gran parte dei poteri, accelerò quel processo di trasformazione delle istituzioni repubblicane in senso autoritario. Questo fu possibile grazie a debolezze strutturali della costituzione: la possibilità d'interpretarla in maniera estremamente elastica diede l'opportunità a Papen di applicare praticamente molti dei suoi pericolosi progetti. L'eliminazione delle leggi che proibivano le milizie paramilitari, l'eterno conflitto Reich-Prussia, risolto in modo completamente al di fuori di ogni regola democratica, e la possibilità data al presidente della Repubblica di sostituirsi al parlamento, sono esempi delle capacità che avevano gli uomini di potere di strumentalizzare la costituzione, a sua volta capace di proteggere sia i suoi difensori che i suoi nemici.

Il terzo aspetto riguarda invece la debolezza costituzionale dei partiti che, soprattutto durante il cancellierato Papen, si chiusero e s'irrigidirono sempre più nei loro dogmi. Escludendo la Nsdap e i comunisti, che si ponevano al di fuori delle istituzioni repubblicane e perseguivano un progetto essenzialmente rivoluzionario, il riferimento va fatto a quei partiti – Centro e Spd in particolare – che ebbero il torto di non intuire il pericolo che si celava nei progetti che Papen perseguiva. La volontà di ricerca di uno "Stato nuovo", che operasse al di fuori del parlamentarismo e si basasse su quei ceti conservatori e reazionari, era stata rivelata in più occasioni da parte dell'ex ufficiale di cavalleria; due elezioni politiche, la riabilitazione delle SA, la liquidazione del governo prussiano, l'uso spropositato dei decreti legge, la limitazione della libertà di stampa per motivi di ordine pubblico, la vicenda del processo di Beuthen, le manovre per ottenere il consenso dei ceti industriali e di quelli agrari e conservatori della Germania orientale, le voci insistenti di un ritorno sulla scena della famiglia reale erano stati tutti segnali che i partiti democratici non avevano colto o voluto cogliere. L'indecisione e l'immobilismo della Spd, che la portarono addirittura alla sua estromissione dalla consultazione per la formazione del governo Schleicher, erano dettate dall'ostilità dei suoi elettori verso ogni forma di coalizione governativa, che rappresenta un elemento fondamentale della democrazia parlamentare. Questo spiega il motivo per cui nel 1932 la Spd si chiuse in una decisa opposizione verso il governo. Invece i tentativi del Centro di accordarsi per un governo con i nazionalsocialisti – tentativi peraltro falliti, visto che non entrarono nel governo di Hitler e che da questo, nel giro di pochi mesi, fu sciolto il loro partito – spianarono la strada alla volontà di potere di questi ultimi. In effetti, quello che non si capì durante quei mesi tra il 1932 e gli inizi del 1933 era che il vero nemico era Hitler, non Papen. Questo però non significava che l'alternativa era l'appoggio incondizionato al governo Papen ma, visto il forte consenso elettorale ottenuto dai nazionalsocialisti nel luglio 1932, questo sembrava sicuramente il male minore.

Il quarto elemento individuato da Bracher è la radicalizzazione e la militarizzazione della vita pubblica. L'invadenza della Reichswehr nella vita politica – vedi le manovre oscure di Schleicher, ma anche la provenienza dai ceti militari dello stesso Papen e di Hindenburg – era arrivata a un punto tale da influenzare le scelte politiche ma, per altro verso, di restarne a sua volta scottata.

Le manovre e le macchinazioni operate alle spalle di Papen ebbero come conseguenza, inaspettata per chi aveva progettato questo disegno, la salita al potere. Proprio allora cominciò quella che Wheeler-Bennett definì «la discesa finale verso l'Averno», con la Reichswehr soggetta ai capricci di un "caporale boemo"[564].

Per altro verso, la radicalizzazione delle masse era dimostrata in particolare dall'infiltrazione delle ideologie nazionalsocialiste tra i ceti borghesi; l'appoggio al partito nazista da parte dei funzionari pubblici, degli impiegati statali, di alcuni strati della Reichswehr, della polizia e di tutti quei ceti appartenenti alla burocrazia, ostacolava il normale funzionamento degli apparati statali. L'episodio della mancata applicazione della sentenza di morte per gli assassini di Beuthen dimostrava quanto la magistratura fosse ben disposta verso le forze nazionaliste e antirepubblicane, anche se in questo caso l'influenza degli ambienti politici fu molto forte.

Proprio la crisi del ceto medio rappresenta il quinto elemento analizzato; l'iperinflazione del 1923, la crisi economica mondiale del 1929 e l'altissimo tasso di disoccupazione, che proprio nel 1932 aveva raggiunto i picchi più alti, avevano demoralizzato e sfiduciato le fasce medie della popolazione. Nel periodo in cui Papen fu cancelliere, ma anche durante il periodo Schleicher, il consenso delle masse verso il governo fu bassissimo, anche per la reale volontà degli uomini di potere di governare al di fuori dell'unico strumento di rappresentanza popolare, il parlamento. Inoltre l'esecutivo Papen, non a caso soprannominato "governo dei Baroni", rappresentava quell'ambiente conservatore e reazionario, proveniente dalle caste militari e agrarie, che si opponeva a una politica sociale finalizzata a proiettare il paese verso una forma più democratica e moderna. A quest'aspetto è strettamente collegata l'ultima causa: la tradizionale struttura autoritaria del potere politico-economico.

****

---

[564] J. W. WHEELER-BENNETT, *La nemesi del potere*, op. cit., p.241.

Nel commentare la figura e il ruolo di Franz von Papen, a partire dal 1932, è necessario tener conto del giudizio espresso da quegli osservatori che inevitabilmente ebbero contatti con l'ex ufficiale di cavalleria. Ho già citato precedentemente il giudizio di François-Poncet, mentre ancora più duro fu quello espresso dall'ambasciatore inglese a Berlino, Sir Horace Rumbold. Il 19 novembre, dando al governo inglese l'annuncio della caduta del governo Papen, scrisse: «è un uomo di seconda qualità e la sua attività principale consiste in sfide incessanti ai partiti politici, ai Länder e a tutte le idee che non coincidono con la sua»[565]. Purtroppo per la Germania le vicende che seguirono alla caduta di Papen dettero ragione a Rumbold, anche se è difficile stabilire fino a che punto le responsabilità, nei vari passaggi che portarono al crollo della repubblica, furono dovute alle sue reali capacità o idee politiche, oppure alla sua inettitudine come uomo di Stato, incapace di vedere i pericoli che si nascondevano dietro il suo progetto di riforma dello Stato. Una cosa invece sembra evidente: la convinzione ostentata da Papen, ma anche da Schleicher, che si potesse manovrare Hitler e il suo movimento per raggiungere i propri obiettivi, si rivelò del tutto errata. Papen aveva sempre sostenuto che il nazionalsocialismo «poteva essere neutralizzato soltanto addossandogli la sua intera parte di responsabilità pubblica»[566]. Invece fu proprio la sua politica che favorì il successo della "rivoluzione legale" di Hitler; il capo dei nazionalsocialisti, nell'oscillare delle trattative, rimase sempre fermo sulla sua idea di giungere al potere solo accettando direttamente la carica di cancelliere, in un governo che agisse grazie a poteri straordinari. Il paradosso fu che Hitler giunse al potere legalmente, non come capo di una maggioranza ma grazie all'opera di Papen e dell'entourage di Hindenburg, che sfruttando uno dei punti deboli della costituzione, l'articolo 48, credettero fino all'ultimo di tenere sotto controllo il nazionalsocialismo. La dimostrazione fu che non solo Papen favorì nel gennaio del 1933 la rinascita del fronte di Harzburg ma, anche quando Hitler fu nominato cancelliere, era sicuro di aver definitivamente ingabbiato il

---

[565] *Documents on British Foreign Policy*, vol. IV, n. 37, p.79.
[566] F. VON PAPEN, *Memorie*, op. cit., p.298.

capo nazista. In realtà la storia dimostrò che «non erano stati intrappolati i nazionalsocialisti, bensì i loro tronfi alleati»[567].

Infatti, se si analizzano le prime quattro settimane dalla salita al potere di Hitler nel febbraio 1933, si potevano intuire quelli che erano i reali piani del nuovo cancelliere. Hitler stava dimostrando di poter manovrare la vita pubblica, e questo non avvenne senza violazioni della legalità: il 6 febbraio, per esempio, con l'assunzione del controllo totale della Prussia da parte di Göring, carica ceduta da Papen, si trasgredivano apertamente le disposizioni formulate dalla corte di Lipsia nel 1932[568]. Così come pure le elezioni del 5 marzo, dove peraltro la Nsdap non ottenne la maggioranza sperata, e l'approvazione della legge sui pieni poteri del 23 marzo, erano stati ulteriori segnali ai quali le forze di opposizione, ma anche di governo, non seppero rispondere. Papen fece fronte alle accuse con una debole difesa, secondo la quale «nessuno avrebbe potuto prevedere il corso effettivo degli eventi», e scaricando gran parte delle colpe sui partiti che avevano votato la legge[569].

Hitler poteva mascherare la sua strategia dietro la promessa di un programma orientato in senso nazional-conservatore, che aveva impressionato tanto positivamente. Ciò fu reso possibile proprio grazie al tacito consenso dei suoi alleati, e tra questi Papen, che, convinti di poter controllare il nazionalsocialismo, finirono per favorirlo. Hugenberg lo capì tardi, mentre Papen non riconobbe mai questo suo errore di valutazione[570]. A sua discolpa parlò solo di aver «sottovalutato (nel nazionalsocialismo) il potere dinamico che aveva svegliato gli istinti nazionali e sociali delle masse»[571]. Dal suo punto di vista la colpa non era della sua strategia e delle sue idee politiche, ma dell'immobilismo dei partiti e delle forze di opposizione, e delle grosse potenzialità della macchina nazionalsocialista.

---

[567] K. D. BRACHER, *La dittatura tedesca*, op. cit., p.263.

[568] *Ibidem*, p.264.

[569] F. VON PAPEN, *Memorie*, op. cit., p.326.

[570] K. D. BRACHER, *La dittatura tedesca*, op. cit., p.264.

[571] F. VON PAPEN, *Memorie*, op. cit., p. 304.

La contraddizione, che si evince dalle sue parole, si mostra in maniera evidente quando nelle sue memorie sostiene che «la posizione di vice-cancelliere cominciò a divenire anormale. Il posto» prosegue Papen «era stato creato, e io lo avevo accettato»[572]. Forse l'ex ufficiale di cavalleria dimenticava che nella riunione di Colonia del 4 gennaio fu proprio lui a proporre un suo vicecancellierato al fianco di Hitler. La giustificazione che il suo incarico gli fosse stato conferito per controllare i ministri nazionalsocialisti, risulta del tutto infondata.

In pratica Papen non poteva non riconoscere come pericoloso l'operato di Hitler, da lui stesso sperimentato durante il suo governo; il nuovo cancelliere infatti sciolse immediatamente il Reichstag e nelle prime sette settimane governò mediante decreti di emergenza, nello stesso modo in cui aveva agito Papen. Era in pratica la continuazione di una tendenza cominciata in parte con Brüning e consolidata poi dallo stesso Papen.

Le illusioni e la debolezza del vice-cancelliere, ma anche di Hindenburg, si mostrarono con tutta la loro gravità nella questione del conflitto tra il Reich e i Länder. L'ordinanza del 28 febbraio permise a Hitler di portare avanti un'integrazione pseudolegale dei vari Länder, così come aveva fatto Papen nei confronti della Prussia. L'ultimo Land rimasto autonomo fu la Baviera, ma le assicurazioni formulate da Papen a Schäffer finirono nel vuoto, e già in marzo il colpo di Stato bavarese era stato portato a compimento. Il presidente della Baviera, Held, aveva ceduto per la consapevolezza che la posizione di Hitler era più forte di quella di Papen e di Hindenburg[573]. Anche Brüning ricorda che a poco a poco «Hitler era riuscito a esercitare sul presidente un'influenza più forte di quella di Papen»[574]. La "purga" dell'apparato burocratico e della magistratura, la liquidazione dei sindacati, lo scioglimento dei partiti, l'alleanza con l'esercito e la subordinazione della polizia alle SS, furono gli ultimi passi che portarono la Germania a passare dallo Stato di diritto democratico alla dittatura di partito.

---

[572] *Ibidem*, p.326.

[573] K. D. BRACHER, *La dittatura tedesca*, op. cit., p.277.

[574] H. BRÜNING, *Mémoires*, op. cit., p.461.

Fino a quel momento Papen era stata una figura colpevolmente passiva di fronte all'azione nazionalsocialista, ma ben presto la sua presenza si fece negativamente sentire. Infatti, le accuse mossegli al processo di Norimberga partivano proprio da questo punto; Papen fu il protagonista in due dei più importanti passaggi che portarono al consolidamento del Terzo Reich: il Concordato con il Vaticano, mentre era vice-cancelliere, e l'annessione dell'Austria, quando era ambasciatore a Vienna.

Nel primo caso, la possibilità di accordarsi con il Vaticano si accompagnava al progetto di scioglimento del partito del Centro, unica espressione politica del mondo cattolico tedesco. Il Centro non era riuscito a inserirsi nella coalizione nata alla fine di gennaio, e già dopo le elezioni del 5 marzo aveva perso la posizione chiave che possedeva nella repubblica di Weimar. A quel punto la sua esistenza si basava solo sulla difesa degli interessi della popolazione cattolica. Qui s'inserì Hitler che, con l'aiuto di Papen e dello stesso Kaas, mise in atto un progetto che inizialmente fu visto dal cattolicesimo tedesco con grande speranza, ma che tolse «il terreno sotto i piedi al partito del Centro»[575]. Il ruolo di Kaas fu di proporre a Hitler, come condizione per l'appoggio al regime, un accordo con il Vaticano; il cancelliere acconsentì, convinto dell'importanza di ottenere un riconoscimento dal mondo cattolico[576]. Papen, per le sue forti convinzioni cattoliche, fu ritenuto l'uomo adatto per svolgere l'incarico di mediatore con il Vaticano, e il 4 aprile fu inviato a Roma, accompagnato da Kaas, per dare il via alle trattative che si svolsero con il principale consigliere del Papa, il cardinale Pacelli, il futuro Pio XII.

È necessario puntualizzare che già da qualche tempo le autorità ecclesiastiche tedesche cercavano un accordo con i nazionalsocialisti, scavalcando il Centro, e l'iniziativa di Kaas nasceva proprio dalla pressione degli ambienti cattolici verso un progetto di coesistenza tra Stato e Chiesa. L'8 luglio, tre giorni dopo lo scioglimento del partito del Centro, le trattative tra Papen e Pacelli giunsero a una conclusione: la Chiesa di Roma concesse lo scioglimento

---

[575] K. D. BRACHER, *La dittatura tedesca*, op. cit., p.299.
[576] Cfr. M. M. SCHEINMANN, *Il Vaticano tra due guerre*, op. cit., p.165.

delle organizzazioni politiche e sociali cattoliche e il riconoscimento del regime, ma ottenne in cambio la libertà di culto, la protezione delle strutture ecclesiastiche e il mantenimento delle scuole confessionali.

Benché il Vaticano fosse allarmato dal pericolo rappresentato dal modello tedesco di fascismo, prevalse tuttavia l'idea che esso potesse rappresentare l'unico bastione contro l'anarchia e il comunismo[577]. Il prezzo che dovette pagare, rappresentato dalla perdita di un'organizzazione politica, si fece sentire soprattutto quando negli anni successivi Hitler non mantenne le sue promesse[578]. Il concordato, infatti, rappresentò per il regime un duplice vantaggio: l'eliminazione dell'opposizione politica del Centro, spostando le masse cattoliche verso il nazionalsocialismo, e il riconoscimento ufficiale da parte della Chiesa di Roma del Terzo Reich.

Le colpe di Papen stanno proprio nel fatto di aver concluso in prima persona un concordato che, come lo definì Brüning, «equivaleva senza il minimo dubbio a una sentenza di morte per il Centro»[579]. È vero che la notizia del concordato fu salutata dalle gerarchie ecclesiastiche come uno dei momenti più alti della storia del cattolicesimo tedesco, ma ancora Brüning ricorda che da quel momento «la resistenza si affievolì sempre di più»[580]. Papen, nelle sue memorie, sostiene che era stato spinto ad avviare trattative con il Vaticano da queste due motivazioni: la prima, che la feroce lotta anticlericale di una parte del partito nazionalsocialista lo aveva convinto dell'estrema urgenza di risolvere il problema; la seconda, la certezza che attraverso i nuovi accordi, una volta che avessero avuto forza di legge, Hitler avrebbe potuto neutralizzare l'influenza degli elementi più radicali del partito[581]. Mentre la prima motivazione potrebbe essere accettata, la seconda risulta poco credibile, se non altro perché Hitler avrebbe

---

[577] *Ibidem*, p.176.

[578] K. D. BRACHER, *La dittatura tedesca*, op. cit., p.515.

[579] H. BRÜNING, *Mémoires*, op. cit., p.465.

[580] *Ibidem*, p.466.

[581] Cfr. F VON PAPEN, *Memorie*, op. cit., pp.329-331.

difficilmente creato una frattura all'interno del partito, soprattutto dopo l'esperienza della vicenda di Strasser.

La cosa più grave, di cui Papen non fa cenno nelle sue memorie, è la sua partecipazione, nei giorni in cui era a Roma per il concordato, alle discussioni con Aloisi, rappresentante del governo italiano, e Göring, circa la formulazione di un patto a quattro, che doveva avvicinare le quattro potenze europee, la Germania, la Francia, l'Inghilterra e l'Italia. Secondo lo storico Petersen, la funzione di Papen, nell'idea di Aloisi, era quella di fare da tramite con Hitler e di convincerlo della bontà delle trattative, che avrebbero permesso alla Germania di uscire da un pericoloso isolamento internazionale[582]. Queste trattative, che furono ratificate solo dall'Italia e dall'Inghilterra, erano la dimostrazione della funzione particolarmente attiva svolta da Papen nel governo Hitler. Si trattava, in realtà, di una di quelle pratiche che poi divennero tipiche nel Terzo Reich, cioè di scavalcare negli affari esteri il ministro competente per incaricare uomini di fiducia a portare avanti trattative private o semi-ufficiali.

Un ruolo attivo Papen lo ebbe anche quando, ambasciatore a Vienna dal 1934 al 1939, si completò quel processo di annessione dell'Austria, che già negli ultimi anni della repubblica di Weimar era stato oggetto di discussione. Papen, che era stato nominato direttamente dal cancelliere tedesco, a sua giustificazione, nelle sue memorie, ha scritto «non potevo comprendere perché Hitler si fosse rivolto a me»[583]. Quest'apparente ingenuità nasconde quello che era il vero compito che Papen doveva svolgere in Austria. Infatti, già dal giorno della salita al potere di Hitler, i rapporti tra i due paesi si erano incrinati a causa della presenza in Austria di un solido partito nazionalsocialista, fortemente osteggiato dal cancelliere austriaco Dollfuss. La nomina di Papen avvenne poco dopo l'assassinio di Dollfuss, in una situazione internazionale che si andava aggravando anche per l'ammassamento di divisioni italiane al Brennero. Il compito del nuovo ambasciatore doveva essere di appianare la tensione e di aprire la strada a un governo "gradito" da Hitler.

---

[582] J. PETERSEN, *Hitler e Mussolini. La difficile alleanza*, op. cit., p.158.
[583] F. VON PAPEN, *Memorie*, op. cit., p.403.

In verità gli ostacoli furono molti. Il nuovo cancelliere Kurt von Schuschnigg aveva operato in due sensi, entrambi falliti: la richiesta di una garanzia britannica contro le pressioni tedesche e l'instaurazione di una semi-dittatura che non impedì, con divieti e persecuzioni, la campagna dei nazionalsocialisti austriaci a favore dell'Anschluss[584].

L'opera di Papen ebbe un primo risultato l'11 luglio 1936, quando si arrivò a un accordo austro-tedesco, che aveva in sé una clausola con cui gli austriaci s'impegnavano a concedere l'ingresso dell'"opposizione nazionale", e quindi anche dei nazionalsocialisti, nel governo, e ad allontanare l'esponente antinazista dei diritti pro-italiani, il vice-cancelliere principe Starhemberg[585]. L'Italia, dal canto suo, cominciò pian piano ad accettare la possibilità di un'annessione dell'Austria, e ciò fu possibile grazie all'opera di Göring che, in quegli anni, aveva preparato il terreno attraverso una serie di colloqui con Mussolini[586].

Il secondo passo fu compiuto il 12 febbraio 1938, quando Papen riuscì a convincere il riluttante Schuschnigg a un colloquio con Hitler a Berchtesgaden. Sotto minaccia, il cancelliere austriaco fu costretto a nominare Seyss-Inquart, un esponente nazista, a ministro degli Interni. Fu proprio Seyss-Inquart che il 12 marzo 1938 aprì i confini austriaci alle truppe tedesche, mentre gran parte dei posti chiave del potere finivano nelle mani dei nazionalsocialisti[587]. Si completava così l'Anschluss, con il tacito assenso dell'Italia e con il silenzio dell'Inghilterra.

Come per il concordato, anche per le vicende austriache Papen si era reso protagonista. E anche in questo caso le sue giustificazioni presentate a Norimberga e nelle memorie risultano troppo superficiali. La tesi principale sostenuta dall'allora ambasciatore a Vienna era quella che una rappacificazione tra i due paesi sarebbe stata possibile solo se il partito nazionalsocialista austriaco

---

[584] Cfr. K. D. BRACHER, *La dittatura tedesca*, op. cit., p.415.

[585] *Ibidem*, p.415.

[586] Cfr. J. PETERSEN, *Hitler e Mussolini. La difficile alleanza*, op. cit., p.159.

[587] K. D. BRACHER, *La dittatura tedesca*, op. cit., p.416.

«fosse stato sottratto a ogni legame con il partito in Germania»[588]. Era il solito ruolo di paladino difensore della patria, che Papen tanto amava mettere come giustificazione del suo operato nel Terzo Reich. È anche vero che dal 1937 l'azione di Göring, nella questione austriaca, si fece più pressante, ma non si può non ammettere che il ruolo svolto da Papen, nei suoi quattro anni a Vienna, sia stato determinante per l'Anschluss. La prova indiretta è che Hitler, anche per l'Inghilterra nominò come ambasciatore un uomo di sua fiducia, Ribbentrop, sottraendo questi due settori importanti della politica estera tedesca di quegli anni – Austria e Inghilterra – dalla competenza del ministro degli Esteri Neurath.

La carriera di Papen non si fermò a Vienna. Dal 1939 al 1944 fu ambasciatore ad Ankara, con l'evidente compito di mantenere neutrale la Turchia durante il secondo conflitto mondiale. Il suo operato fu un successo, visto che la Turchia, alleata dell'Inghilterra, entrò in guerra solo nel 1944, data che non a caso coincideva con la destituzione di Papen dalla sua carica.

La difesa di Papen, nel caso degli avvenimenti precedentemente descritti, si basò sempre sul concetto che la sua presenza alle alte cariche dello Stato aveva avuto l'unico scopo di arginare il pericolo nazionalsocialista e di difendere così gli interessi della patria. Questa tesi mostra degli evidenti punti deboli nel momento in cui si analizza la storia politica di Papen. Durante il cancellierato l'opposizione di Hitler a Papen fu durissima, e l'umiliazione subita nelle trattative del 13 agosto fu difficilmente assorbita dal capo nazionalsocialista. Questo però non impedì a Papen, forse spinto dalla sua sete di potere, di riavvicinarsi a Hitler, di stare al suo fianco e di evitare la sua vendetta. La controprova è data dalle vicissitudini di Schleicher, dapprima vicino alla causa nazionalsocialista, poi ostile a Hitler durante il suo cancellierato, e infine fatto assassinare. Anche il periodo del vice-cancellierato può esser visto sotto una duplice luce: la prima, che Papen rappresentava per Hitler il punto di unione tra il movimento nazista, Hindenburg e gli ambienti conservatori che lo stesso

---

[588] F. VON PAPEN, *Memorie*, op. cit., p.516.

Papen rappresentava[589]; la seconda, che nella sua veste di cattolico avesse svolto un ruolo determinante nel Concordato.

Infine, anche per la carica svolta come ambasciatore a Vienna, Papen nelle sue memorie si giustificò sostenendo che fu Göring la «personalità dominante tra coloro che patrocinavano la tesi della soluzione "integrale"», mentre lui si limitò a sconsigliare Hitler dal prendere una decisione così drastica[590].

****

In conclusione, possiamo affermare con certezza che la figura di Franz von Papen non è ricordata sotto una luce estremamente positiva. Attribuire però al suo operato nel 1932 tutte le colpe per l'ascesa del nazionalsocialismo in Germania appare come un giudizio riduttivo di quello che fu la realtà della Repubblica di Weimar. Come scrisse Shirer «non v'è classe o gruppo, in Germania, che non abbia avuto la sua parte di responsabilità nella liquidazione della repubblica democratica e nell'avvento di Adolf Hitler»[591]. Analizzandola da questo punto di vista, appare valida l'osservazione di Schacht che la colpa «va addossata ai quattordici milioni di tedeschi i quali, il 31 luglio 1932, diedero il loro voto a Hitler[...]»[592]. Indubbiamente questo non scagiona Papen da quelle che furono le sue grandi responsabilità; l'aver ricoperto una delle cariche più importanti del Reich, in uno dei periodi più tra-vagliati della storia della repubblica, ci fa pensare che questo compito fu sicuramente al di sopra delle sue capacità di uomo politico. Un'attenuante può essere ricercata nella sua buona

---

[589] Ricordiamo che quando Hitler fu nominato cancelliere la presenza dei nazionalsocialisti era ridottissima; infatti, oltre a Hitler ritroviamo solo i nomi di Frick e di Göring. La possibilità di consolidare il suo potere era data solo dall'apporto, diretto o indiretto, che gli ambienti rappresentati da Papen potevano concedere.

[590] F. VON PAPEN, *Memorie*, op. cit., p.517.

[591] W.L. SHIRER, *Storia del Terzo Reich*, op. cit., p.289.

[592] H. SCHACHT, *La resa dei conti con Hitler*, op. cit., p.34.

fede di aver creduto di poter portare la Germania su una strada diversa da quella della democrazia parlamentare, che non fosse poi quella nazionalsocialista, ma il risultato di quest'azione finì per condizionare il futuro del mondo intero.

Il crollo della repubblica trovava certo le sue origini molto indietro, nel ripudio della Germania dell'eredità dell'Illuminismo e del radicalismo sociale della rivoluzione francese[593]. In Germania nacque e si sviluppò un proprio romanticismo e un proprio illuminismo, che connessi all'opposizione verso il modernismo, diedero vita a una miscela di *technik* e *kultur* che Jeffrey Herf chiamò col nome di "modernismo reazionario"[594]. Tra questo troviamo l'ideologia *Volk*, il forte nazionalismo, il *Führerprinzip*, la superiorità nel campo della razza, tutti concetti profondamente radicati nella società tedesca della prima metà del secolo XX. È evidente che l'operato di Papen scompare di fronte a un passato così importante, ma la sua colpa fu nell'aver permesso, o voluto permettere, che questi elementi venissero definitivamente a galla alla fine del 1932.

Nonostante sia stato prosciolto al processo di Norimberga, Papen è considerato ancor oggi da gran parte degli storici come uno degli uomini di Stato protagonisti dell'edificazione e del consolidamento del Terzo Reich nella Germania degli anni trenta.

Volendo dare un giudizio conclusivo sulle vicende e sui protagonisti della storia tedesca degli anni Trenta, ci sembra interessante citare un concetto analizzato molti secoli fa da uno dei più grandi filosofi greci. Le vicende della Repubblica di Weimar ci danno l'impressione, infatti, che essa rappresenti l'esempio pratico del concetto aristotelico che la degenerazione della democrazia porti a una forma di tirannide, in cui a scapito delle leggi prevale l'arbitrio della moltitudine.

---

[593] G. MOSSE, *Le origini culturali del Terzo Reich*, op. cit., p.469.

[594] J. HERF, *Il modernismo reazionario. Tecnologia, cultura e politica nella Germania di Weimar e del Terzo Reich*, Il Mulino, Bologna 1988.

BIBLIOGRAFIA

In Italia una bibliografia su Franz von Papen è in pratica assente; le presenti note bibliografiche forniscono una rassegna delle opere principali dedicate allo studio della Repubblica di Weimar. I titoli presi in considerazione riguardano, in genere, autori tedeschi tradotti in italiano, opere in lingua inglese e una certa letteratura dedicata ai rapporti tra Germania e Italia. Sezioni sono dedicate alle fonti letterarie, alle memorie e alla stampa italiana, mentre ci è sembrato opportuno citare una serie di opere specifiche su Papen, peraltro di difficile reperibilità in Italia. La raccolta del materiale letterario e delle fonti è avvenuta tra la Biblioteca Nazionale e l'Emeroteca di Napoli e di Roma, la Biblioteca Universitaria di Napoli e la Biblioteca del Ministero degli Esteri.

Letteratura

ABENDROTH W., *La Socialdemocrazia in Germania (1863-1959)*, Editori Riuniti, Roma 1980

AA. VV., *Economia e Finanza in Germania 1876-1948* (a cura della Deutche Bundesbank), Laterza, Bari 1988

BADIA G., *Il movimento spartachista - gli ultimi anni di Rosa Luxemburg e Karl Liebknecht*, Samonà e Savelli, Roma 1970

BAYLEY T.A., *Wilson and the peacemakers*, New York 1942

BENOIST-MECHIN, J., *L'armata tedesca da Hindenburg a Hitler (1919-1936)*, Garzanti, Milano 1941

BRACHER K.D., *La dittatura tedesca. Origini, strutture e conseguenze del nazionalsocialismo*, Il Mulino, Bologna 1973

BRACHER K.D., *Il novecento secolo delle ideologie*, Laterza, Bari 1984

BRENNER H., *La politica culturale del nazismo*, Laterza, Bari 1965

BROSZAT M., *Da Weimar a Hitler*, Laterza, Bari 1986

BROUE P., *Rivoluzione in Germania 1917-1923*, Einuadi, Torino 1977

BULLOCK A., *Hitler. A Study on tyranny*, Harper and Row, New York 1964

CHILDERS T., *The nazivoter. The social foundations of Fascism in Germany 1919-33*, Chapel Hill, London

CHILDS D., *Germany since 1918*, Batsford, London 1971

COLLOTTI E., *La Germania nazista. Dalla Repubblica di Weimar al crollo del Terzo Reich*, Einaudi, Torino 1963

COLLOTTI E., *La rivoluzione tedesca*, Roma 1966

DE FELICE R., *I rapporti tra Fascismo e Nazionalsocialismo fino all'andata al potere di Hitler (1922-33).* Appunti e documenti, Napoli 1971

DE FELICE R., *Mussolini il Duce. Gli anni del consenso 1929-36*, Einaudi, Torino 1974

DE FELICE R., *Mussolini e Hitler. I rapporti segreti 1922-1933. Con documenti inediti*, Le Monnier, Firenze 1975

DORPALEN A., *Hindeburg and the Weimar Republic*, Princeton, New Jersey 1964

DOUGLAS J.H., *The Germany slump. Politics and economics. 1924-1936*, Claredon Press, 1986

EBENSTEIN W., *The Germany record. A politicae portrait*, Janar and Rinehart, New York 1945

ENGELS-JANOSI F., *Il Vaticano fra fascismo e nazismo (1918-1938)*, Le Monnier, Firenze 1973

ERUSALIMSKIJ – ARKADIJ – SAMSONOVIC, *Da Bismark a Hitler. L'imperialismo tedesco nel XX sec.*, Editori Riuniti, Roma 1967

EYCK E., *Storia della Repubblica di Weimar*, Einaudi, Torino 1966

FERGURSON A., *Come la moneta muore*, Il Mulino, Bologna 1978

FEST J., *Il volto del Terzo Reich. Profilo degli uomini chiave della Germania nazista*, Mursia, Milano 1970

GAY P. *La cultura di Weimar*, Dedalo Libri, Bari 1978.

GIORDANO G., *La Diplomazia italiana e la crisi tedesca del 1932*, Carocci, 1972

GROSSER A., *Hitler. Nascita di una dittatura (1932-33)*, Cappelli, Bologna 1962

HERF J., *Il modernismo reazionario. Tecnologia, cultura e politica nella Germania di Weimar e del Terzo Reich*, Il Mulino, Bologna 1988

HOEPKE K.P., *La destra tedesca e il fascismo*, Il Mulino, Bologna 1971

KLEIN C., *La Repubblica di Weimar*, Mursia, Milano 1970

LADOR-LEDERER J.J., *Capitalismo mondiale e cartelli tedeschi tra le due guerre*, Einaudi, Torino 1959

LAQUER W., *La Repubblica di Weimar*, Rizzoli, Milano 1977

LINDERBERG C., *La tecnica del male. Politiche di crisi e avvento del nazismo*, Philadelphia, Milano 1980

MENDELLA M., *La Repubblica di Weimar 1918-33*, La Regina, Napoli 1982

MOSSE G., *Le origini culturali del Terzo Reich*, Il Saggiatore, Milano 1968

MOSSE G., *La nazionalizzazione delle masse. Simbolismo politico e movimenti di massa in Germania dalle guerre napoleoniche al Terzo Reich*, Il Mulino, Bologna 1976

NICHOLLS A. – MATTHIAS E., *German democracy and the triumph of Hitler: Essay in recent German history*, Allen, London 1971

NOLTE E., *La crisi dei regimi liberali e i movimenti fascisti*, Il Mulino, Bologna 1970

PETERSEN J., *La dimensione europea del fascismo*, Sansoni, Firenze 1976

PETERSEN J., *Hitler e Mussolini. La difficile alleanza*, Laterza, Bari 1975

PETERSEN J., *La politica estera del fascismo*, Il Mulino, Bologna 1972

POLTORAK A., *Il processo di Norimberga*, Teti, Milano 1976

POST G., *The civil-military fabric of Weimar foreign policy*, Princeton University Press, 1973

PRIDHAM G., *Hitler's rise to power. The Nazi movement in Bavaria 1923-1933*, Hart-Davis, 1973

PROCKTOR R., *la Germania nazista*, Mondadori, Milano 1978

RENOUVIN P., *Il trattato di Versailles*, Mursia, Milano 1969

RICHARD L., *Nazismo e cultura (propaganda, letteratura, stampa, cinema)*, Garzanti, Milano 1982

RITTER G.A. – MILLER S., *La rivoluzione tedesca 1918-1919*, Feltrinelli, Milano 1969

ROMOLOTTI G., 1919. *La pace sbagliata*, Mursia, Milano 1969

ROSENBERG A., *Democrazia e socialismo. Storia politica degli ultimi 150 anni (1785 - 1937)*, De Donato, Bari 1971

ROVERI A., *Da Versailles a Hitler. Breve storia della Repubblica di Weimar*, A. Mondadori, Milano 1991

RUSCONI G.E., *La crisi di Weimar. Crisi di sistema e sconfitta operaia*, Einaudi, Torino 1977

SCHEELE G., *The Weimar Republic. Overture to the Third Reich*, Faber & Faber, London 1946

SCHEINMANN M.M., *Il Vaticano tra due guerre*, Ed. di Cultura Sociale, Roma 1951

SCHULZE H., *La Repubblica di Weimar. La Germania dal 1917 al 1933*, Il Mulino, Bologna 1987

SHIRER W., *Storia del Terzo Reich*, Einaudi, Torino 1962

SOHN-RETHEL A., *Economia e struttura di classe del fascismo tedesco*, De Donato, Bari 1978

SPAEL W., *La Germania cattolica nel XX sec. 1890-1945*, Roma 1974

STACHURA P., *The Weimar era and Hitler 1918-1933. A critical Bibliography*, Oxford, Clio Press 1977

STRUVE W., *Elites against democracy. Leadership ideals in bourgeois political thought in Germany 1890-1933*, Princeton, Princeton University Press 1973

THALMANN R., *La Repubblica di Weimar*, ESI, Napoli 1995

TRINCHESE S., *La repubblica di vetro*, Studium, Roma 1993

VALLI B.M., *Il segno della svastica. Processi di sincronizzazione e dispositivo simbolico fra Weimar e il Terzo Reich*, Guida, Napoli 1984

VENERUSO D., *L'Italia fascista. Osservazioni sul sistema politico italiano tra le due guerre*, Il Mulino, Bologna 1971

VERMEIL E., *La Germania contemporanea. Storia sociale, politica e culturale*, Laterza, Bari 1956

VILLARI L., *Weimar (congressi). Lotte sociali e sistema democratico nella Germania degli anni '20*, Il Mulino, Bologna 1978

VOGESLANG, T., *L'esercito tedesco e il partito nazionalsocialista (1919-1933)*, Il Saggiatore, Milano 1966

WHEELER-BENNETT J.W., *La nemesi del potere. Storia dello Stato Maggiore tedesco dal 1918 al 1945*, Feltrinelli, Milano 1967

WHEELER-BENNETT J.W., *Hindenburg: the wooden titan*, St.Martin's Press, New York 1967

ZUNINO P.G., *Fascismo e nazionalsocialismo*, Sei, Torino 1974

Letteratura su F. von Papen

ADAMS HENRY M. – ROBIN K., *Rebel patriot: a biografy of Franz von Papen*, S. Barbara (California), 1987

BACH, J.A., *Franz von Papen in der Weimarer Republik. Aktivitäten in politik und presse 1918-1932*, Droste, Düssendorf 1977

BRAATZ W.E., *Franz von Papen and the preussenschlag. 20 luglio 1932*, European Studies Review, 1973

BRAATZ W.E., *Neo-conservativism in crisis at the end of the Weimar Republic: Franz von Papen and the rise and fall of the "new State"*, University of Wisconsin, 1969

CASTELLAN G., *Von Schleicher, von Papen et l'avènement de Hitler*, Cahiers d'histoire de guerre, vol.1, 1949

Fonti letterarie

BAUER O., *Tra le due guerre mondiali? La crisi della economia mondiale, della democrazia*, del socialismo, Einaudi, Torino 1979

BOJANO, F., *Sulle rovine di Weimar*, G. Agnelli, Milano 1933

DEGLI OCCHI A., *Il processo di Norimberga*, Rizzoli, Milano 1947

FERRERO G., *La tragedia della pace. Da Versailles alla Ruhr*, Athena, Milano 1923

KESSLER H., *Walther Rathenau*, Il Mulino, Bologna 1995

KEYNES J.M., *Le conseguenze economiche della pace*, Treves, Milano 1920

KNICKERBOCKER H.R., *I due volti della Germania (1932)*, Bompiani, Milano 1932

LENIN V.I., *L'estremismo. Malattia d'infanzia del comunismo*, G. Macchiarelli, Napoli 1944

LENIN V.I., *Rivoluzione in occidente e infantilismo di sinistra*, Editori Riuniti, Roma 1969

LLOYD GEORGE, *The truth about reparations and war-debits*, Londra 1938

LUKACS G., *La distruzione della ragione*, Einaudi, Torino 1959

MALAPARTE C., *Tecnica del colpo di stato*, Firenze 1973

MORTATI C., *La costituzione di Weimar*, Sansoni, Firenze 1946

PAGANI B., *La Germania nel dopoguerra 1918-1938*, A. Nicola, Varese 1939

PIAZZA G., *La Germania tra l'Europa e l'antieuropa*, Campitelli, Roma 1931

RATHENAU W., *L'economia nuova*, Einaudi, Torino 1976

SCHMITT C., *I principi politici del nazionalsocialismo*, Firenze 1935

SFORZA C., *L'Italia dal 1914 al 1944 quale io la vidi*, A. Mondadori, Roma 1945

STURZO L., *La Crisi della Democrazia*, Soc. Ed. Libraria Italiana, 1938

STURZO L., *Miscellanea londinese*, Zanichelli, Bologna 1967

TROELTSCH E., *La democrazia improvvisata. La Germania dal 1918 al 1922*, Guida, Napoli 1977

WEBER M., *Parlamento e governo nel nuovo ordinamento della Germania*, Laterza, Bari 1919

ZANOTTI-BIANCO E.-CIOFFI A., *La pace di Versailles*, La Voce, Roma 1919

Memorie

BRÜNING, H., *Mémoires (1918-1934)*, Gallimard, Paris, 1974

FRANÇOIS-PONCET A., *Ricordi di un ambasciatore a Berlino*, Rizzoli, Milano 1947

GRANDI D., *La politica estera dell'Italia dal 1929 al 1932*, Bonacci, Roma 1985

PAPEN F. VON, *Memorie*, Cappelli, Bologna 1952

SCHACHT H., *La Resa dei conti con Hitler. Memorie e documenti*, Garzanti, Milano 1949

SCHACHT H., *Come muore una democrazia*, Borghese, Milano 1933

STRESEMANN G., *La Germania nella tormenta. Diari e documenti*, Treves, Milano

Fonti Diplomatiche

Documenti Diplomatici Italiani, 1922-1935, serie VII, Roma 1953

Documents on British Foreign Policy, 1919-1939, vol. III-IV, Woodward and Butler, London 1947

Fonti Giornalistiche

"Avanti", (bollettino pubblicato a Parigi) 1932

"Civiltà Cattolica", (quaderni) 1932

"Il Corriere della Sera", 1932-33

"Critica Fascista", (rass. quindicinnale) 1932

"Gerarchia", (mensile) 1932

"Il Messaggero", 1932-33

"L'Osservatore Romano", 1932

"Il Popolo d'Italia", 1932-33

"Il Regime Fascista", 1932-33

"Il Roma",